HISTOIRE

CONTENANT LES PLVS

MEMORABLES FAITS ADVENVS EN
l'an 1587. tant en l'armee commandee par
Monsieur le Duc de Guyse, qu'en celle
des Huguenots, conduite par le
Duc de Bouillon.

Auec la coppie de l'Inscription mise nouuellement (pour me-
moire)en vne table d'airain, dans l'Eglise à SainctClaude;
rendant là par ledit Seigneur de Guyse & les Princes,
Ducs, Comtes & Gēs-d'armes de son armee, graces à Dieu
& les vœux au Sainct, à cause de la victoire par eux ol te-
nue à l'encontre des ememis de l'Eglise Catholique.

Le tout enuoyé par vn Gentil-homme François
à la Royne d'Angleterre.

A PARIS,

Chez Didier Millot, demeurant ruë de la petite
Bretonnerie pres la porte S. Iacques.

M. D. LXXXVIII.

AVEC PERMISSION.

DISCOVRS AMPLE ET TRES-

veritable contenant les plus memorables faits aduenuz en l'annee mil cinq cens quatre vingts & sept, tant en l'armee commandee par Monsieur le Duc de Guyse, qu'en celle des Huguenots conduite par le Duc de Bouillon : enuoyé par vn Gentil-homme François à la Royne d'Angleterre.

ADAME, le fauorable & bon accueil qu'il vous pleut me faire en Angleterre lors que i'y suiuois & seruois deffunct Monseigneur le Duc d'Anjou, mon maistre, & l'honneur qu'il vous a pleu depuis me continuer, vous souuenant de mon nom, m'ont conuié & donné hardiesse de vous faire l'addresse de ce discours, par moy recueilly de ce qui est aduenu de pl⁹ digne & memorable en l'armee du Roy, commádee par Monsieur le Duc de Guyse, & celle des Huguenots François & estrangers, conduits & amenez en France par le Duc de Bouillon, en faueur du Roy de Nauarre & des Huguenots de ce Royaume ; à la lecture duquel ie me promets que vo⁹ receurez vn extreme & infiny plaisir, pour y voir autant de beaux faits d'armes & traits de guerre qui se peuuent imaginer. La bonne fortune estant tellement iointe & vnie à la valeur & hardiesse de l'vn des Chefs de ces armees, qu'il se peut dire auec verité (cessant l'enuie & l'affectió) n'estre aduenu depuis

A ij

vn bien long temps vn pareil fait d'armes en toute la Chreſtienté: treſ-digne certes,& comparable à la vertu & proüeſſe des plus renommez Capitaines du paſſé. Et affin de ne rien obmettre & auoir plus de congnoiſſance & certitude de tout ce qui ſe faiſoit eſdites armees; ie trouuay moyen, lors que Monſieur de Guyſe fut à Meaux pour receuoir les commandemens de ſa Maieſté & le departement des forces dont on compoſoit l'armee qui luy eſtoit donnee, pour ſ'oppoſer aux eſtrangers, qui eſtoient preſts d'entrer en ſon Royaume, de m'introduire auecques luy, & à ſa ſuite: d'où ie n'ay bougé iuſques à la fin de la tragedie. Ayant pendant ce temps là obſerué toutes choſes auecques tel ſoin & diligence, que rien ne ſ'eſt paſſé, iuſques aux conſeils & deliberations plus cachees & ſecrettes, dont ie n'aye eu la congnoiſſance & intelligence.

Vovs ſçauez, Madame, les longueurs, trauerſes & difficultez qui ont eſté apportees à la leuee eſtrangere, qui ſ'eſt faite en voſtre faueur, celle du Roy de Nauarre & des Princes, Seigneurs & Communautez des villes de France Huguenotes, pour reſtablir l'exercice de la religion Caluiniſte en ce Royaume & du tout ruiner les Princes liguez pour la deffenſe de la religion Catholique. Et pour ce que ie ſçay combien voſtre Maieſté y a trauaillé & employé de ſes moyens, faueurs & bonnes intelligences, ie paſſeray legerement les pratiques qui ſe firent en Allemagne & Suyſſe, durant l'annee 1586. pour venir à celle de quatre vingts ſept, & diray, que toutes difficultez ceſſantes, apres que l'argent fourny par voſtre Maieſté eut eſté touché, & celuy qui

auoit esté recueilly des Eglises Caluinistes de France, les procurators du Roy de Nauarre, de Monsieur le Prince de Condé, & desdites Eglises, portees en Allemagne, pour les obliger au payement
des estrangers, portans conditions tres-hautes &
auantageuses pour les Huguenots tant estrangers,
que François, auec asseurance, que si tost qu'ils ap-
procheroient la riuiere de Loire, la paix leur seroit
offerte: & la conclusion de laquelle estoit reseruce
& entierement remise, par lesdites procurations au
bon plaisir de vous, Madame, la premiere, & du Cazimir, des Princes & Seigneurs Allemans, fauori-
sans le party des Huguenots: Les Reistres & Suisses
leuez en leur faueur, commencerent tous à marcher
au mois de Iuillet, qui apporta de l'estonnement
tres-grand à toute la France: mais non tant comme
l'on disoit, au Roy tres-Chrestien, qu'aux Princes
Lorrains, qui se voyans descendre vne si grande
force sur les bras, sans qu'ils fussent aucunement
preparez à la receuoir, estans comme surprins &
sans espoir de grand secours & faueur du costé du
Roy. Monsieur de Lorraine n'ayant pour lors seulement qu'enuiron sept à huict mille harquebuziers
François, commandez par de bien ieunes Capitaines & peu experimentez, & enuiron cinq cens cheuaux, la plus part de sa nation. Son Altesse enuoya
incontinent en Allemagne leuer quatre mil Reistres, & en Italie querir douze cés lances Italiennes,
qui vindrent, mais trop tard (comme vous appren-
drez par la suite de ce discours.) Il enuoya aussi
vers le Prince de Parme, employer sa faueur, dont
il ne fut frustré, & receut promptement de douze

à quinze cens lances Bourguignones ; des ordonnances du Roy Catholique, & vn regiment de six
enseignes de gens de pied VValôs & Bourguignôs,
commandez par le Marquis de Varambon. Il sera
mis en son ordre le temps & heure qu'ils arriuerent
en Lorraine.

Le Roy ce pendant, pour aucunemét rendre preuue qu'il se vouloit opposer contre ceste si grande
puissance qui entroit en son Royaume, mais principalement pour estre armé: & ne demeurer desnué
de forces, manda à Monsieur de Guyse qu'il le vint
trouuer à Meaux, pour aduiser aux affaires de la
guerre : ou aussi sa Maiesté se trouueroit. De fait
l'vn & l'aure s'y rendit. Asçauoir, sa Maiesté dans
le   icur du mois de Iuillet, monsieur de
Guyse deux iours apres: fort petitement accompa-
gnez. Du costé dudit sieur de Guyse, la submission
fut tres-humble & pleine de grande obeyssance:
De celuy du Roy ; la reception en apparence fut fauorable & pleine de bien-veilláce : & ne fut parlé en public que de faire là guerre à bon escient &
dresser en toute diligence deux armees , l'vne pour
le Roy à Gyen, & sainct Florentin: l'autre que com-
manderoit ledit sieur de Guyse à Chaumont en Bassigny: côposees lesdites deux armees l'vne & l'autre
des compagnies d'ordonnances de sa Maiesté, portees dans la publication des monstres qui fut faite
& publiee à cét effet, selon la coustume ordinaire de
ce Royaume. L'on dit, qu'entre le Roy & ledit sieur
de Guyse y eut quelques propos tendans à la paix,
anec grands offres en particulier faits audit sieur
Duc, pour s'y laisser aller, & la consentir : Surquóy

il s'excusa de pouuoir rié faire luy seul, sans l'aduis &
conseil de ses parens & amis liez & liguez auec luy,
desquels il ne se pouuoit ny deuoit separer. Son armee fut dóc sur l'heure dressee & cópolee en papier,
par vn estat qui luy en fut baillé. Assçauoir, de vingt
cinq compagnies d'hommes d'armes des ordonná-
ces de sa Maiesté, nommees & mandees par ladite
publication : De douze enseignes de gens de pied du
regimét de S. Paul : De douze enseignes du regimét
de d'Ecluzeaux : de six de Ioannes : de six de Gyé :
Et encores cinq ou six cómissiós baillees audit sieur
Duc, pour les remplir à sa volonté, & en faire des
compagnies nouuelles, pour se trouuer à Chaumót
en Balligny, au vingtiesme du mois d'Aoust, soubs
la conduite dudit sieur de Guyse : & par mesme
moyen fut dressé vn estat assez ample pour les finan-
ces & officiers de l'armee, comme il appartenoit
bien, tant à la dignité du Capitaine, qu'à la grande
charge qu'il auoit sur les bras.

Toutesfois, i'ay plusieurs fois ouy dire depuis,
qu'apres que ledit sieur Duc de Guyse fut party d'au
pres du Roy, tout ce que l'on luy auoit promis má-
qua, & fut tref-mal assisté, tant des forces ordónees,
que des deniers, qni luy auoient ainsi esté promis.
Luy de sa part congnoissant la Cour & n'ignorant
point la volonté de son maistre & moins celle de
ceux qui en sont plus proches & qui plus le posse-
dent, pourueut sagemét à ses affaires : Sollicitant ses
amis par lettres, pour le venir trouuer & assister, faisant fonds d'argent tant qu'il pouuoit, soit sur son
credit, ou vendant de ses terres, comme i'ay ouy dire qu'il a fait en ce voyage pour six vingts mil escus.

Et combien qu'il n'en ait receu des coffres du Roy
que douze mil: Neantmoins i'ay recongneu, estant
en son armee, qu'aux Capitaines, parties inopinees,
officiers de l'armee, voyages, soldats blessez, espions & praticques, argent ne manquoit point,
tant ce Prince est liberal. Il enuoya au pays bas pour
leuer quelque nombre de cauallerie legere : & en
retira trois ou quatre cens cheuaux legers, dont il a
esté fort bien seruy tout ce voyage, qui ont fort fa-
tigué les Reistres : Pour ce que c'estoient soldats de
peine & experimentez aux guerres des pays bas, les
yns Italiens, & les autres Albanois, Vvallons &
de Cambresy, qui ont la plus part perdu leurs
biens par la guerre.

Cependant que ces choses se faisoient du costé
des Catholiques, les Huguenots s'assembloient, &
estoit party Monsieur de Bouillon de Sedan auec
enuiron trois cens cheuaux François & deux mil
hommes de pied, passant legerement & à bonnes
traictes la liziere de Lorraine, pour gaigner la plaine de Strasbourg : où il attendit auec ceste petite
trouppe quinze iours, ou plus les Reistres, & les
Suisses venans à la faueur des Huguenots: ceste
longueur prouenant de ce qu'il se trouuoit beaucoup de difficultez parmy eux : principalement du
costé des Reistres. Car l'on auoit tousiours estimé,
que le Cazimir marcheroit en personne & non sans
quelque esperance qu'il eust luy mesme dônee, mais
comme l'on a depuis recognu, le dessein qu'il auoit
de faire tomber la charge & conduicte desdits Reistres és mains d'vn sien fauorit, estoit cause, qu'il en-
tretenoit tousiours ceste esperâce aux agens du Roy
de Nauarre,

de Nauarre, iufques à ce qu'il falut marcher: Lors il s'excufa, comme il difoit, fur les grandes charges qu'il auoit fur les bras, ne pouuant abandóner l'Allemaigne en temps fi brouillé: mais fi tard, qu'il n'y eut plus de moyen de fe pouruoir d'vn autre Prince, ou grand Capitaine. Il introduifit le Baron de Dothna, qu'il affeura tref-capable, & qui fe fçauroit bien acquitter de telle charge: lequel fut accepté, tant pour la neceffité, que pour complaire au Cazimir: Faute que ie trouue tref-grande, d'auoir voulu mettre en telle charge vn chef ignorant, & fans experience de la guerre, pour en fe contentant luy feul, auancer fon amy, fans auoir efgard à la confequence qui en eft depuis furuenue.

L'ordre ainfi eftably, le Baron de Dothna introduit en la charge de General des Reiftres, marcha, comme feirent tous les Collonnelz leuez en faueur des Huguenots: Et du cofté des Suiffes auffi s'auança le fieur de Cleruant, auec la leuee qu'il auoit faite de vingt mil Suiffes, dont il en laiffa quatre mil dans le Daulphiné, pour aller comme l'on difoit: en Languedoc trouuer le Marefchal de Montmorancy, & apres le Roy de Nauarre. Mais Dieu en difpofa autrement, par ce qu'eftans ces quatre mil Suiffes mal conduits, furent rencótrez par le fieur Alfonfe Corfe, dans les montaignes de Daulphiné, pays fort pour l'harquebuzerie, & mal cómode aux picquiers, & auec bien peu de refiftance, fe laifferent emporter audit Alfonce Corfe, & la plus grand part d'eux, tuez fur la place, & le refte prifonniers, & fort peu fe font fauuez.

Enuiron le vingtiefme dudit mois d'Aouft, ledit

B

fieur de Cleruant auec quinze ou feize mil Suiffes
fe rendit fur les confins de Strafbourg, & le Baron
de Dothna au mefme temps, auec huit mil Reiftres:
La leuee eftoit de huict mil cinq cens, foubs ledit
Baron de Dothna : Les Collonnels eftoient Hans
Boucq, Clotte Berneftoc, Adam Fouuerft, Dom-
martin & autres, dont ie n'ay peu retenir les nôs:
faifans en tout vingt & vne cornette, qui fe trouuerent audit temps enfemble en la plaine de Strafbourg, où ils eurent encores quelques difficultez
entre eux, & les François, fur leurs capitulations
& payemens : mais la verité eftoit que ces eftrangers ne voyans point de Chefs qui les contentaf-
fent, ne pouuoient prendre affeurance en vn voyage
fi long & perilleux, foubs la conduite (comme ils
difoient) de deux enfans, qui eftoient meffieurs de
Bouillon & de la March: Neantmoins ils fe laifferent tellement emporter aux perfuafions des François, par tant de belles parolles, promeffes & affeu-
rances qu'ils trouueroient le Roy de Nauarre fur
leur chemin, & bien pres, auec vne puiffante armee, & qu'ils n'auroient affaire qu'aux Princes de
la maifon de Lorraine, & la Ligue: Que le Roy tref-
chreftié les fauoriferoit pluftoft qu'il ne leur cour-
roit fus: Et dit-on mefmes, qu'ils en monftrerent
quelques lettres, faulfes neantmoins : Mais bien de
tref-certaines & veritables de Monfieur d'Efper-
non. Toutes ces chofes iointes enfemble, les feirét
refouldre & arrefter de paffer outre, & receuoir
pourChef general de toute l'armee, le Duc de Bouillon. Monfieur de la March commandoit à l'auantgarde: Cleruant aux Suiffes: Le Baron de Dothna,

aux Reiſtres: Guitry mareſchal de Camp : Mouy à l'infanterie Françoiſe, qui eſtoit lors auec eux.

Monſieur de Lorraine eſtoit d'heure à autre bien aduerty de tout ce qui ſe paſſoit en Allemaigne, & en donnoit de tref-bons aduis au Roy, & à ſon couſin monſieur le Duc de Guyſe, qui de ſa part faiſoit toutes ſes diligences. Mais il n'apparoiſſoit encores aucunes forces, de celles que ſa Maieſté luy auoir ordonnees, bien qu'il n'eſpargnaſt les courriers pour les haſter : Et auoit enuoyé à Chaumont en Baſſigny, lieu ordonné aux forces, dont il ſe deuoit ſeruir, pour les faire approcher à Vaucouleurs, où il aduiſa eſtre plus cómode les aſſembler. Et ſ'y trouua ſeulement, enuiron le vingt deuxieſme dudit mois d'Aouſt, la cópagnie dudit ſieur de Guyſe, celles de monſieur ſon fils, de monſieur le Comte de Challigny, de móſieur le Cheualier d'Aumalle, & de meſſieurs de la Chaſtre & d'Ambliſe, auec trois cens cheuaux de la garniſon de Cambray, enuoyez par le ſieur de Balaigny pour ſecours à monſieur de Guyſe, & conduits par le ſieur de Fontenilles. Et d'infanterie, les Regiments de ſainct Paul & de Ioannes. Et auec ce peu de forces, ſollicité d'heure à autre de monſieur de Lorraine, qui ſentoit approcher les ennemis, ſ'achemina à Thou, & le lendemain à Nancy, qui fut le vingt-ſeptieſme dudit mois d'Aouſt, où les nouuelles vindrent, que l'armee des Huguenots marchoit, & s'auançoit pour entrer en Lorraine, par le paſſage de Falcebourg, qui eſt au delà des montagnes, vn chemin eſtroit, fort peuplé de bois, & aſſez malaiſé pour venir à S l ſebourg, premiere place de Lorraine. Et auòit eſté

proposé au conseil de son Altesse, quelques iours
auparauant, que l'on logeroit partie de son Infanterie sur ledit passage, pour le garder, ou du moins
le deffendre quelque temps, à la faueur de l'assiete
du lieu, & des arbres, qui auoyent esté couppez du
long des chemins en telle quantité, qu'apres, que
par autre deliberation l'on eut retiré les gens de
guerre, qui y estoyent ordonnez, l'armee Huguenote demeura trois iours, pour coupper, syer &
ranger lesdits arbres, faire chemin, encores que le
grād nombre qu'ils auoient de Suisses, & Lansquenets y trauaillassent tous generalement.

En ce mesme temps que les Reistres eurent passé
la montagne, les sieurs de Rosne & de la Routte,
& le Baron de Soualcembourg Allemand, qui auoit
deux compagnies de cheuaux legers, & deux d'harquebuziers à cheual, au seruice dudit sieur Duc de
Guyse, donnerent la nuict dans le logis du Collon-
nel Boucq, qui auoit quatre Cornettes logees sur le
bord des montagnes, entrant en Lorraine. Et soit
que la garde dudit Boucq fust forte & roide, ou
qu'il eust esté aduerty, ils le trouuerent à cheual, &
les receut si bien, que ledit Conte de Soualcébourg,
qui chargeoit le premier, fut porté par terre, & sei-
ze ou dix huit des siens tuez sur la place, laquelle
neantmoins demeura aux assaillants, qui gaignerent
en ceste charge l'vne des Cornettes dudit Boucq, laquelle apportee à son Altesse, l'enuoya aussi tost au
Roy, pour tesmoigner que ces forces estrangeres
s'auançoient, demandant d'estre secouru, & que
l'on hastast les forces qui estoyent promises à Monsieur de Guyse.

La Lorraine est vn pays, qui iouist il y a long téps
d'vn grand repos, & sans auoir eu guerre, depuis
celle du Duc de Bourgongne, qui fut tué deuant
Nancy, iusques à ceste heure: & auoit tousiours gardé vne neutralité, ayant laissé son Altesse passer par
ses pays tous les estrangers qui sont venus, soit pour
le Roy, soit pour les Huguenots, sans empeiche-
ment aucun par ceux du pays de Lorraine : mesmes
l'on dressoit estappes aux vns, & aux autres, & four-
nissoit les pays de viures, pour l'argent : Et les habitans (qui est vn bon peuple) n'en receuoient aucune incommodité. Mais ceste fois ils ont bien essayé
le contraire, ayans receu & souffert les premiers
efforts & bruslemens barbares de ces estrangers.
Or d'autant que Monsieur de Lorraine se doutoit
bien d'estre mal traicté, à cause de la Ligue, que l'on
dict qu'il fauorise, Il se preparoit aussi de tous ses
moyens, pour leur resister, mettant garnison dans
toutes ses places, principalement à celles qui se trou
uoient sur les aduenues & passages de ladite armee.
Et pource que la ville de Nancy, principal siege dudit Sieur Duc, n'estoit gueres bié fortifiee, & qu'elle est d'ailleurs petite, pour y receuoir en telle necessité, tant la noblesse du pays, que les Ecclesiasti-
ques, & les plus riches des autres villes foibles, qui
s'y retireroient quelques mois auparuant, on auoit
commencé de la croistre & l'agrandir, autant quasi
comme est l'ancienne ville, mettant le faux bourg
de sainct Nicolas dedans, par vne fortification nouuelle, auec vn beau & grand fossé, & force bastions
& platteformes : le tout fort bien entendu, & auec
telle diligence, que ceste nouuelle ville se trouuoit

en eftat de deffenfe contre la plus grande armée &
mieux artillee qui l'euft peu affaillr.

Fut tenu vn confeil à Nancy, où eftoit fon Alteffe,
monfieur le Marquis du Pont, fon fils, monfieur de
Guyfe, Meffieurs le Comte de Salme, de la Chaftre, marefchal de Camp de l'armee de Monfieur
de Guyfe, Baffompierre, de Sauigny, Rofne & autres; auquel confeil, comme i'ay appris, il fut mis en
auant ce que l'on pouuoit faire contre vne fi grande armee déja proche de Nancy, de douze à quatorze lieues du pays : n'ayant pour y refifter, & s'y
oppofer, que les forces que i'ay cy deuant dictes, &
celles de Monfieur le Marquis de Hauré, arriuees
le mefme iour, & du Marquis de Varambon. Et
pouuoit tant du fecours fufdit, que les propres forces de fon Alteffe, & de ce qu'auoit Monfieur de
Guyfe, y auoir en tout deux mil cinq cens cheuaux, & dix mil harquebuziers, dont l'on departit
dás les places que l'on refolut de garder, quatre mil
harquebuziers : & les fix mil de refte furent retenus
auprés de Nancy, pour eftre à main de s'en feruir à
toutes occafions furuenantes : & mefmes à la con-
feruation de la place dudit Nancy, & de cefte nouuelle fortification, fi les ennemis y tournoient la tefte. Et fut recongnu vne tref-belle affiette de place
de bataille, entre la ville Neufue & vn bois, fur le
cofté droit, ayant à la tefte vne maifon de plaifan-
ce de fon Alteffe, auec vn iardin affez grand, foffoyé
& beaux & grands foffez, pleins d'eau, où l'on euft
logé l'infanterie, ne reftant que bien peu de campagne, pour venir affronter l'armee Catholique,
laquelle foubs la faueur d'vn tel aduantage (bien

qu'inegalle, & inferieure des deux parts à celle des Huguenots) resolurent d'attendre en ce lieu l'euenement du combat.

Le vingt-neufiéme ou dernier iour dudit mois d'Aoust l'armee Huguenotte assiegea Salcebourg, premiere place de Lorraine, où il y auoit garnison de deux compagnies de son Altesse, & vn Gentil-homme du pays, qui se rendit aussi tost, sans attendre vn seul coup de Canon, dont il fut fort blasmé & mesprisé de ses soldats mesmes, comme ie leur ay ouy dire : ils seiournerent quelques iours audit Salcebourg, pour les commoditez qu'ils y trouuerent, faisans prouision de pains & farrine, estans bien aduertis de l'ordre donné en Lorraine sur les fours & moulins, qui par edict du Duc bien executé, auoient esté tous rompuz sur le chemin que l'on estimoit estre brisee de ceste armee Huguenotte : Lesquels de leur costé traicterent ce pauure peuple Lorrain de toutes les cruautez dont ils pouuoient aduiser, pillans, saccageans & mettans à rançon tout ce qu'ils rencontroient en leur chemin: & apres le feu, en deslogeans, disans, que c'estoit pour ce que l'on rompoit deuant eux les fours & moulins.

De Salcebourg, ils vindrent loger à Blamont, où il y auoit aussi en garnison deux compagnies de gens de pied, & vn ieune & braue Gentil-homme qui y commandoit, qui ne fit pas comme l'autre de Salcebourg : Car encores que dedans le fauxbourg les Lansquenets & l'infanterie Françoise Huguenote & toute l'artillerie y fussent logez, il ne s'estonna nullement; mais au contraire, leur tua plus de deux cens hommes, & garda la place, bien qu'elle ne vaille guere, les contraignans de desloger le lendemain, à leur confusion, & à son honneur & gloire.

Ce que plus Môsieur de Lorraine craignoit, estoit qu'ils vinssent à Sainct Nicolas, tresbeau & grand Bourg, ie dis des plus, & qui n'a rien qui manque pour estre dit vne bonne ville, fors de murailles & la fortification ; estant fort ouuert, & seulement fermé par endroicts de plusieurs tours & retours qu'y fait la riuiere de la Mozelle, qui estoit si basse pour lors, que les cheuaux la pouuoyét gueer par tout, & n'en auoyent que iusques au ventre : ou les Huguenots eussent trouué commodité tres-grande de toutes choses, tant de viures, que de plusieurs sortes de marchandiles, dont il est presque autant fourny que Nancy. Son Altesse s'y achemina, & apres l'auoir visité, & bien recógnu le logis, y logea presque toute son armee, y laissant Monsieur de Guyse, pour y commander, & luy s'en retourna à Nancy.

Le mesme iour, les nouuelles vindrent audit lieu de sainct Nicolas, que les ennemis approchoient ce iour de bien prez Leninuille : qui est vne petite ville foible, & sans aucun rampart, & presque point de fossé, à quatre ou cinq lieues de sainct Nicolas : Toutesfois il auoit resolu que l'on la garderoit, pource qu'elle couure Nancy & sainct Nicolas, & auoit on logé dedans deux mil harquebuziers, & pour leur commander le sieur d'Ossonuille, Colonnel de l'infanterie de son Altesse, qui auoit fait vn tresbon deuoir, & gráde diligence, de fortifier ceste place,

place, autant comme l'on pouuoit en si prompte &
vrgente necessité. Et pour la conseruation des maisons qui touchoient & aboutissoient presque par
tout sur la muraille, que l'on ne pouuoit abbatre,
sans la ruine entiere de la ville, l'on creusa & eslar-
git. on le fossé tant que l'on peut, & de la terre que
l'on en tiroit fut faicte vne belle & haute contrescarpe, auec vn courradour bien flancqué: Et en
quelques endroits des rauelins, mesmes deuant
les portes, auec resolution de debattre & garder le
fossé & le dehors de la ville, plus que la ville mesme. Le Sieur de la Chastre fut depesché pour aller
recongnoistre ceste place, afin de iuger si elle estoit
en estat de se pouuoir deffendre ou non, pour n'y
perdre des hommes mal à propos: Et s'il l'estimoit
deffensable, y conforter le Sieur d'Ossonuille, & l'asseurer de la part dudit sieur de Guise, qu'il le secou-
reroit à quelque prix que ce fust, s'il aduenoit qu'il
fust assiegé. Il rapporta qu'il auoit trouué ledit d'Os
sonuille tellemēt resolu, & tout ce qui estoit là dedans, qu'ils ne demandoient rien tant que d'estre
assiegez, & qu'il ne falloit auoir nul doute de la
place. Et aussi qu'il auoit recōgnu partie de l'armee
des ennemis, marchant à vne lieuë de Leninuille:
Ce pouuoit estre enuiron le deux ou troisiesme de
Septembre.

Les Huguenots faisoient peu de chemin, & se-
iournoient ordinairement tant qu'ils ont esté en
Lorraine trois & quatre iours en vn lieu: pour ce
que trouuans les fours & moulins rompuz, & tous
les villages desgarniz du peuple qui fuyoit deuant
eux pour les cruautez dont ils vsoient, il falloi

qu'ils batiſſent les bleds pour viure ; qu'ils cerchaſ-
ſent où les faire moudres, auec peine & danger,
pource que les moulins qui n'eſtoient point rompus
eſtoient gardez de quelque ville ou hañeau, & leur
dreſſoit-on touſiours quelques embuſcades, où ils
perdoient chacun iour des hommes à bon eſcient:
& puis il faloit boulenger eux meſmes, & cuire,
n'ayans ny eſtappes dreſſées, ny ſuitte de viures : &
la pluſpart d'eux ne faiſoient que des galettes entre
deux cendres.

Le cinq ou ſixieſme dudit mois de Septébre ladite armee vint loger par deçà Leninuille, en lieu aſſez
eſcarté : dont Monſieur de Guyſe eſtant aduery il
luy print enuie de recongnoiſtre leur logis, & leur
contenance, & donna-on à l'heure meſme le rendez-vous à la caualerie, pour le lendemain, en vn
village nómé Dameleuiere, proche des ennemis de
demy lieuë. Sur les huict heures du matin ſe trouua
audit rendez-vous le Marquis de Hauté, auec huict
cens lances, quatre cens cheuaux, de ceux de Monſieur de Guyſe, & enuiron mille harquebuziers.

Ledit Sieur Duc de Guyſe laiſſa deçà la riuiere
de Mözélle, du coſté de Sainct Nicolas, toute la
ſuſdite caualerie & l'infanterie auſſi, & paſſa ladite riuiere auec enuiron trois cens lances ſeulement & cent harquebuziers à cheual, & ietta
deuant luy cinquante cheuaux de coureurs, qui
trouuerent au village ſuſdit forces fourrageurs, tant
Reiſtres que Lanſquenets, dont il fut tué enuiron
trente Lanſquenets & quelques Reiſtres, & le plus
grand nombre ſe ſauua eſtant à cheual ; donnant
l'alarme bien chaude à leur camp, qui n'eſtoit

qu'à vne petite demie lieuë de là ! Aſſçauoir trois
cornettes de Reiſtres ſeulement, & leurs Lanſquenets qui ſe meirent incontinent en bataille en vne
place aſſez eſtroitte & mal commode, fort commandee d'vn village qu'ils auoient laiſſé vuide, lequel eſtoit tout ſur le bord de la riuiere de Mozelle.

Monſieur de Guyſe demeura vne bonne heure à
conſiderer la façon des ennemis, & leur maintien,
leur ordre & forme de bataille. Ce qu'il euſt con-
tinué d'auantage, ſans l'aduertiſſement qu'il eut
que l'alarme eſtant dans le camp, toute l'armee
marchoit & luy venoit ſur les bras: il ſe retira,
ſans eſtre ſuiuy. Et ay apprins que par le chemin
retournant à Sainct Nicolas il diſcourut à quelques vns de ſes Capitaines, meſme au ſieur de la
Chaſtre (qu'il ayme & eſtime fort, & qui eſtoit mareſchal de camp de ſon armee) vne hardie & braue
entreprinſe. La conception dudit ſieur Duc de
Guyſe eſtoit, qu'il auoit recongnu que les ennemis
par ignorance, ou autrement, auoient laiſſé ce village ſur le bord de l'eaue, ſans y loger perſonne,
lequel eſtoit (comme ſont tous ceux de Lorraine)
baſty & compoſé de bonnes maiſons, toutes de pierre, & couuertes de thuille, & n'y ayant dans leſdits
villages que deux entree & aduenues aux deux
bouts, & vne grande rue par le milieu. Celuy
eſtant de ceſte forme, l'on y pouuoit loger quantité d'harquebuziers & mouſquetaires, qui euſſent commandé iuſques au milieu de la plaine, qui euſt fort trauaillé ces trois cornettes de
Reiſtres & les Lanſquenets meſmes, y prenans leur
place de bataille, comme ils auoient fait le iour

C ij

precedent, & n'en auoient point d'autre. Et faut
noter qu'à vne grande lieuë de là, il n'y auoit personne logé pres d'eux, & le pays estoit fort couuert:
Et quant bien ils eussent esté plus pres, la place n'e-
stoit capable, que pour receuoir ce petit nombre
d'Infanterie, & ces trois cornettes de Reistres. Ce
qui donnoit esperance à Monsieur de Guyse de les
pouuoit deffaire & emporter, auant que le secours
leur fust arriué, ou les auoir bien endommagez, sans
courre grande fortune, ny danger.

La fortune donc de les assaillir fut proposee telle
par ledit sieur Duc de Guyse: Que le sieur de la
Chastre prendroit mil ou douze cens harquebuziers, & cinq cens cheuaux, & s'achemineroit au
village abandonné, & passeroit la riuiere pour y
entrer à gué, vis à vis dudit village: l'infanterie eust
peu auoir de l'eaue iusques pres de la ceinture, mais
lors il ne faisoit point encores froid. Il faloit auant
le iour gagner ledit village, & loger l'harquebuzerie aux aduenües aduantageusement, comme
le moyen & la commodité y estoit assez belle. Le
iour s'esclaircissant, Monsieur de Guyse se fust presenté, & eust enuoyé donner vne chaude allarme à
ces Lansquenets & Reistres logez ensemble, qui
n'eussent pas failly de vouloir gagner la place de
bataille, comme le iour precedent, & l'harquebuzerie, & les mousquetaires estans bien preparez, &
apostez dedãs ledit village eussent eu belle butte,
& sans doubte fait vn grand meurtre. Le sieur de la
Chastre n'eust pas failly auec les cinq cens cheuaux
qu'il auoit de charger ceste trouppe engagee loing
du costé de leur armee, comme aussi eust fait Mon-

fieur de Guyfe de fon cofté : Et croy certainement
que fils ne fuffent deflogez le lendemain, comme
ils firent, cefte entreprife euft fuccedé aux entre-
preneurs heureufemét : lefquels en tout cas fe pouuoient fans danger retirer a fainct Nicolas, ou à
Leninuille toufiours par les bois. Ce fut la premiere fois que les Catholiques virent en gros les Huguenots, & eut ledit Sieur Duc de Guyfe extreme
regret, quand il fceut le deflogement des ennemis,
qui luy fit perdre vne fi belle occafion.

A ce deflogement, les Huguenots releuerent les
Catholiques du foing qu'ils auoient de fainct Ni-
las, monftrans par le chemin qu'ils prirent auoir autre deffein, tournans le flanc audit lieu de fainct Nicolas, & à Nancy, & s'allans loger à Charmes, & à
Bayon, deux petites villettes. Il pleut deux ou trois
iours, qui retarda le chemin de cefte grande armee,
chargee d'vn corps pefant, & d'artillerie, outre les
autres incommoditez qu'ils auoient pour viure : Et
dreffans leur tefte droict au Comté de Vaudemont.
Il fut auffi refolu au camp des Catholiques qu'ils
changeroient de place, & ioignans toutes leurs forces enfemble, fe mettroient en corps d'armee : Ce
qui ne s'eftoit encores fait, pour l'inegalité de forces : Mais pour tenir les ennemis plus ferrez, & em-
pefcher autant comme l'on pouuoit les faccage-
mens & bruflemens qu'ils faifoient en la Lorraine, fon Alteffe fe trouueroit en ladite armee, pour
la commander, & Monfieur de Guyfe meneroit l'a-
uantgarde.

Le treize ou quatorziefme dudit mois de Septembre, le Sieur de la Chaftre, Marefchal de Camp, fut

C iij

enuoyé deuant au Pont sainct Vincent, y faire le logis de l'armee : l'assiette dudit lieu est telle ; C'est
vn assez gros Bourg, ietté le long d'vne coste de
montagne, demeurant ladite montagne superieu-
re dudit Bourg, qui est fermé en quelques endroits
de murailles, & en la pluspart que de hayes vi-
ues, & du costé d'embas de la riuiere de Mozelle
(sur le bord de laquelle y a commencement d'vn
Chasteau qui appartient à monsieur de Mercure)
Les aduenues en sont fort estroites, principalement
du costé que venoient les ennemis, & où l'on pouuoit prendre la place de bataille. Estant ladite
place serrée des riuieres de Mozelle & de Modon,
qui entre dans ladite Mozelle à cinq cens pas du
Chasteau susdit, & du costé droit vn costau roide
planté de vignes & de fortes hayes : & tout sur le
haut, ce sont grãd bois bien espais, qui durent iusques à Thou Le terroir est tres gras, mesmes lors
qu'il auoit pleu trois ou quatre iours, qui auoit vn
peu enflé les riuieres ; mais non tant comme l'on
estimoit, & comme asseuroient ceux du pays, &
mesmes que ladite riuiere de Modon ne se pourroit
plus guer : neantmoins par experience il se trouua
le contraire.

Le quinziesme dudit mois de Septembre toutes
les forces Catholiques (cóme on auoit resolu) marcherent pour se rendre au Pont sainct Vincent, & y
loger en corps d'armee. Monsieur de Guyse y arriua sur les sept heures du matin, & sans y seiourner,
accompagné seulement du sieur de la Chastre, des
sieurs de Bassompierre & d'Vnes, & trois ou quatre autres, voulut aller recongnoistre vn logis pour

son auantgarde, & quelque belle & aduantageuse
place de bataille, pour à la faueur de cete riuiere
de Modon (que l'on luy auoit donné à entédre n'e-
stre aucunement gueable) approcher les ennemis.
Ne trouuât nul lieu commode és enuirons du Pont
sainct Vincent, il marcha plus auant, & donna
iusques au logis de ses cheuaux legers, enuiron vne
lieuë & demye, ou deux dudit Pont sainct Vincent,
sur ladite riuiere de Modon, en deux bons & gros
villages, proches l'vn de l'autre, qui auoient des
ponts de pierre. Le plus aduancé (ce me semble)
s'appelloit Pelligny, où estoit logé le sieur de Rosne & les trouppes qu'il commandoit : Et en l'autre
le Baron de Soualcembourg. Ledit sieur de Guyse
les trouua les vns & les autres montans à cheual,
ayans l'alarme, non sans occasion, car la teste de
l'armee Huguenote marchoit à mil pas de leurs logis, tirant à Atons, maison dudit sieur de Bassompierre, Monsieur de Guyse voulut voir leur contenance, encore qu'il n'eust auec luy que ceux que i'ay
nommez cy deuāt, sans armes, montez sur des cour-
taux : Et pour ce faire passa le pont & le village,
sur les ennemis, & veit marcher deux cornettes de
Reistres, qu'il n'eut loisir de beaucoup considerer :
Car ils tournerét aussi tost la teste vers luy, qui se re-
tirāt, repassa ledit pōt, & fut suiuy des Reistres assez
inconsiderémét, & sans bien recognoistre le village,
ny mesmes le pont, passerét gaillardemét l'vn & l'au
tre, prenās quelqs bagages des plus paresseux à partir. Ledit sieur Duc les voyoit venir à luy de dessus
la teste d'vn costau, où il s'estoit arresté, & aux enui-
rōs de luy ses cheuaux legers qui pouuoiét estre quel

ques trois cens lances, & cent harquebuziers à cheual: les Reistres aussi se fermerent sur le bord d'vn faux ruisseau assez bourbeux, enuiron à cinq cens pas des Catholiques, & se considererent ces deux trouppes ennemies quelque temps, les vns pensans estre suiuiz, les autres le craignans : ce que non, & recongnu par les Catholiques, Monsieur de Guyse se resolut de leur faire faire vne charge : & de fait le commandement en fut donné aux Sieurs de Rosne & de la Routte, qui s'esbranlans pour y aller, les Reistres recognurent combien ils s'estoient aduancez inconsiderément, & trop engagez, & pourueurent à leur seureté, par vne retraicte qu'ils firent si diligemment, tantost au trot, puis au galop, qu'auant que l'on se peust mesler parmy eux, ils eurent repassé le pont & village, & gagné bien auant dans la plaine à la teste de leur armee, où ils s'arresterent & firent ferme, voyans leur armee marcher & s'auancer vers eux, comme à la verité tout vint à la file. Trois cens cheuaux François faisoiét la teste, & quelque cent ou six vingts harquebuziers à cheual, lesquels ioints à ces deux cornettes de Reistres, & encores trois autres, r'amenerent bien viste les cheuaux legers qui leur auoient donné la chasse.

Du haut de la colline où estoit demeuré Monsieur de Guyse, il voyoit clairement marcher l'armee ennemie, & la retraitte des siens, auec apparence qu'ils ne se demesleroient pas aisément : Et estoit conseillé de tous ceux qui estoient auec luy de se retirer, n'ayant forces bastantes pour recueillir ces cheuaux legers, ny mesmes pour soustenir

vn

vn si grand faix, n'estant point armé, & mal monté,
en danger de se perdre, loing de deux lieuës de son
armee, demeuree sans Chefs, ny commandement:
qu'il verroit plustost l'ennemy sur ses bras, prest à la
charger que d'auoir receu de commandement de
se mettre en ordonnance. A toutes ces remonstrances, il fit lors response d'vn tresbraue guerrier, &
pleine de hardiesse: Ie sçay, dit-il (addressant sa pa-
role à Monsieur de la Chastre) & recongnois en
quels termes sont nos affaires, à quoy il se peut
pouruoir par prudéce & hardiesse: Ie feray vn trait,
que i'ay en la fantasie: Ie prens la charge de faire
ceste retraicte, & vous allez donner ordre à l'armee,
& retirez nos forces ensemble dans ce destroict
du Pont Sainct Vincent, & les ordonnez pour
me receuoir, & l'ennemy aussi, s'il nous suyt iusques là.

Il faut noter, que comme c'est la coustume, principalement des François, plus que de nulle autre
nation, de s'auancer tousiours sans commandement
& à la desbandade, qui sur vn bidet, qui sans armes,
il s'en trouua lors assez, qui cuyderent apporter de
la confusion & du desordre: Et à la verité sans
la presence de Monsieur de Guyse, il y en eust eu
à bon escient. Mais ce Prince n'est pas moins
heureux, que valeureux, auec telle amour & affection parmy les siens, que se presentant à la
teste de ses cheuaux legers, l'espee en la main,
en pourpoint, sur vn courtaut, parlant aux vns
Italien, aux autres Allemant, & aux autres François
nommant & appellant les Capitaines, qu'il con-
gnoissoit par leur nom, les enhortant de ne s'estôner

D

point, & de croire qu'il les conſerueroit, ou qu'il
ſe perdroit auec eux, & qu'ils feiſſent ſeulement ce
qu'il leur diroit. Sa preſence & ſon authorité eut
tant de pouuoir ſur toute ceſte trouppe, que chacun demeura ferme, ſans crainte de danger & at-
tentifs à ſes commandemens, ſe ſerrans aupres de
luy ſur le haut d'vn coſtau, faiſans teſte à l'armee
ennemie, qui paſſoit à la file ſur ce pont de Pelligny, firent par leur bonne mine & contenance tenir bride aux plus aduancez, iuſques à ce qu'il fiſt ſa
retraitte, pouſſé par vn gros hot de ſept cornettes
de Reiſtres qui marchoient furieuſement, & deuát
eux trois cens cheuaux Fráçois, & ſix ou ſept vingts
harquebuziers à cheual, qui commençoient à monter la colline, qui eſtoit ſi roide qu'vn cheual qui
l'euſt montee au trot, ſe fut mis hors d'halaine: Qui
donna temps & loiſir audit Sieur Duc d'effectuer
ce traict dont il auoit parlé, ſe retirant enuiron dix
ou douze pas en arriere, les ennemis perdant la
veüe de luy, & prenát temps à propos il tourna tout
court ſur la main gauche, à la droite des ennemis,
& gagna par vn petit vallon vn gué de la riuiere
de Modon, où il y auoit vn moulin, & paſſa ladite
riuiere ſur le coſté d'où venoit & marchoit l'armee
des Huguenots, s'eſtant toute leur cauallerie tellement auancee pour venir à l'alarme & ſecours
des premiers, qu'il ne reſtoit à ceſte queüe que des
Suiſſes, qui ne le pouuoient, ny arreſter ny ſuyure,
ny offenſer: Et coulant le long de la riuiere ſe mit
au pas à faire ſa retraite à ſon ayſe, repaſſant vers les
ſiens à vn gué, à cinq cés pas de ſa place de bataille.
Les Huguenots ayans gagné le haut de la colline,

d'où eftoit party le Sieur de Guyfe, & voyans cefte cauallerie fi pres de leurs Suiffes, delà la riuiere
d'où ils venoient, ne fe pouuans de prime face imaginer que ce fuffent autres que des leurs : neantmoins, la chofe bien recongnüe, ils fe mirent à les
pourfuyure ; mais arriuans au gué où auoit paffé
ledit fieur Duc, il s'y trouua dix ou douze harquebuziers du Sieur de la Chaftre, qu'il auoit mis
dans vn moulin, qui feruirent grandement, le de-
battant & gardant auec telle refolution & oppinia-
treté, qu'ayans tué quelques hommes qui s'aduan-
turerent d'effayer de paffer les premiers, les autres
tindrent bride, attendant leurs harquebuziers,
lefquels mettans pied à terre, forcent ledit moulin,
prindrent ou tuerent tout ce qui eftoit dedans, & y
moururent ces braues foldats honorablement, ven-
dans bien leur vie & cherement à leurs ennemis,
faifans vn grãd feruice, donnans loifir par leur perte audit fieur de Guyfe, de gagner plus de chemin:
& fe rendit fans aller plus vifte que le pas, à la place
de bataille de fon armee, qui eftoit rengee en ce
lieu eftroit, que ie vous ay figuré cy deffus, entre les
vignes & la riuiere de Modon, ayant le logis du
Pont fainct Vincent à dos. Toutes les forces de l'armee Catholique n'eftoient encores arriuees alors:
qui pouuoit eftre fur le midy: Il paroiffoit feulemẽt
la trouppe du Marquis de Hauré, de douze cens
cheuaux, en vn haut, qui auoit tref-belle montre
& furieufe, ayans tous lances & grandes banderol-
les, qu'il faifoit tref-bon voir.

Refte à vous reprefenter que deuint le Sieur de
la Chaftre ce pendant, qui eftoit party d'auec fon

General par son commandement, afin de faire tenir prestes & acheminer les compagnies d'ordonnances du Roy, qui estoient en nombre de cinq ou
six, lesquelles il rencontra à demie lieuë d'où il a-
uoit laissé Monsieur de Guyse, qui pouuoient faire
trois à quatre cens lances, auecques lesquelles se
voulant aduancer pour retourner trouuer ledit
Sieur Duc, il apprit par aucuns de ceux qui se reti-
roient, & vit aussi tost à l'œil, comme il estoit de
l'autre costé de la riuiere, faisant sa retraicte, luy
aussi fit la sienne par la plaine, marchant comme
Monsieur de Guyse, la riuiere entre eux deux, & receut au passage du gué susdit ledit Sieur Duc au mesme temps & heure qu'il y arriua: Et à cent cinquante ou deux cens pas, dans vne belle prairie, ces deux
trouppes iointes ensemble, d'enuiron quatre cens
lances d'ordonnances, trois cens de cheuaux legers, se placent en bon ordre, & en plusieurs trouppes, laissant le gué libre, & ceste espace aux Huguenots, si l'enuie les prenoit, de se hazarder au passage. Ce qu'ils ne firent pour l'heure, & les plus auan-
cez, qui auoient suiuy Monsieur de Guyse, & veu le
passage du gué demourerent fermes, attendans le
reste de leur armee, qui suiuoit à la file le plus diligemment qu'elle pouuoit. Sur les trois à quatre
heures apres midy quelques trouppes de cauallerie des Huguenots, & enuiron cinq cens harquebuziers François donnerent, à sçauoir la caualerie
iusques dans le gué, & leur infanterie iusques sur le
bord de la riuiere, où ils furent bien receuz par le
Sieur de sainct Paul, maistre de camp de l'infanterie Catholique, auec trois cens harquebuziers,

lequel s'auança dans le pré, sans chose aucune qui le
couurist, & fit quitter aux Huguenots tout ce qu'ils
tenoient delà l'eauë à la portee des mousquets. La
mesme chose tenta encores depuis, par trois ou
quatre fois, iusques à la nuict, sans que ce iour là il
passast vn seul des Huguenots sur les Catholiques:
& chacun se logea pour ceste nuict là au mesme
lieu : les Huguenots dans deux villages, qui se trouuerent fort commodes, & proches l'vn de l'autre :
les Catholiques en leur mesme place de bataille le
long des hayes, & soubs des noyers, tirans leurs
viures du Pont sainct Vincent, gardans le mesme
ordre qui leur auoit esté ordonné le iour. Chacun
fit bonne garde ceste nuict là, la riuiere seruant
de barriere entre ces deux armees, & les senti-
nelles posees de part & d'autre, sur le bord du
gué.

Il fut mis en deliberation entre les chefs Catholiques ce que l'on auroit à faire le lendemain, & si
l'on hazarderoit le combat au passage de ceste riuiere de Modon, qui se pouuoit gueer & passer sur
des ponts en plusieurs lieux, hors la veuë des Catholiques, & qu'ils ne pouuoient empescher : tous
tomberent en ceste opinion, que l'armee Catholique estant sans comparaison beaucoup moindre
que celle des Huguenots, n'estant forcee par aucune necessité, attendant d'heure à autre vn bon
& grand renfort, que l'on ne deuoit hazarder le
combat, & aussi peu se presenter le lendemain à la
deffense de ce gué, comme le iour precedent : Pour
ce que le costau, du costé des ennemis commandoit
en cauallier sur la place de bataille des Catholiques

dont ils les deflogeroient & mettroient en defor-
dre auec leur artillerie , cóme ils euffent fait, dés ce
iour mefme, fi elle euft peu arriuer à temps: Et pour
euiter ces dangers, l'on retiroit la cauallerie hors
de cefte prairie laiffant feulement l'infanterie logee
fi fortement dans les hayes, chemins creux, rochers
& vignes qu'il eftoit impoffible qu'elle peuft courre aucune mauuaife fortune : Et quand les Huguenots temerairement fe hazarderoyent de s'y attaquer, ce feroit auec honte & confufion , & vne extreme perte des leurs , & peu des Catholiques;
lefquels fe pourroient au plus fort du combat retirer , quand ils le voudroient faire , à la faueur des
bois , qui les conduifoit iufques dans les forefts de
Thou , grande & profonde : & fut cefte opinion
fuyuie de tous: les bagages, & perfonnes inutiles au
combat commandez de fe retirer à Thou , dés la
nuict mefme.

Les gardes furét foigneufemét vifitees cefte nuict
par les Chefs Catholiques : & croy que les Huguenots n'en firent pas moins, n'eftant iamais ce gué
defpourueu: Car auffi toft que d'vne part on d'autre
quelque cheual entroit dedans l'eaue, auffi toft l'a-
larme au corps de garde, dont les vns & les autres
s'entendoient facilement parler: Et fe paffa la nuict
en cefte façon.

Le iour venu Monfieur de Guyfe en perfonne fe
prefenta le premier fur le gué , vifitant les gardes à
vn moulin, où il y auoit enuiron quarante harquebuziers des fiens logez, pour le garder. Les Huguenots auoient retiré leurs fentinelles fur le haut de
la colline , & ne paroiffoient que trois ou quatre

cheuaux laiſſez en vedete, pour voir ce que feroient
les Catholiques; leſquels ne voyans que ces trois
ou quatre cheuaux, & ſans entendre aucun bruit du
camp des ennemis, ne voulans en eſtre mieux eſ-
claircis, firent paſſer huict ou dix cheuaux le gué
qui n'eurent pas fait deux cens pas au delà, qu'in-
continét il ne ſe preſenta à eux vne cornette rouge,
accompagnee de cinquante ou ſoixante cheuaux
qui les ramena bié viſte: Et de ceſte heure là l'eſcar-
mouche s'attaqua, la riuiere entre deux, & par la
chauſſee de ce moulin, des harquebuziers Catholiques paſſoient & ſe hazardoient d'aller tirer bien
auant dans la plaine, auec toutesfois peu d'effect &
demeurerent les Huguenots iuſques ſur les ſept ou
huict heures, ſans ſe monſtrer en gros (& cóme l'on
a ſceu) vouloient donner loiſir & commodité aux
Catholiques, de ſe mettre, comme le iour precedét,
en bataille dans ceſte prairie, à la deffenſe du gué,
dont apres ils les euſſent aiſément deſlogez, & mis
en deſordre auec leur artillerie: mais la choſe auoit
eſté bien preueüe, & l'ordre donné (comme vous a-
uez veu) pour ne tomber à l'inconuenient que de-
ſiroient les Huguenots.

C'eſtoit le huict ou neufieſme de Septembre, iour
beau & clair, en la ſaiſon de l'Autonne, que Monſieur de Lorraine, le Marquis de Hauré, la cauallerie de ſon Alteſſe, & la pluſpart de celle de Monſieur de Guyſe, eſtoient ſur le haut de la montagne,
non pour combatre, car le lieu eſtoit inacceſſible,
mais pour voir le paſſetemps. Monſieur de Guyſe
eſtoit demeuré dans la prairie auec partie de la cauallerie legere, quelques Seigneurs, & Gétils-hom-

mes volontaires, iufques à trois ou quatre cens cheuaux, en trois ou quatre trouppes, faifans bonne
mine, & en la mefme place du iour precedent, l'infanterie toute logee le long du coftau dedans les vignes, hayes & chemins creux par plufieurs trouppes feparees, fe fouftenans & fauorifans les vns les
autres : ayant efté refolu de ne rien garder de pied
ferme, mais en fe retirant pied à pied le long de la
cofte, faire beaucoup de mal & dommage aux
Huguenots, s'ils euffent entrepris les y affaillir. Sur
les neuf heures du matin l'on commença à veoir
paroiftre les Huguenots en gros, leur cauallerie
Françoife la premiere, en front de leur armee fuyuie de trois cornettes de Reiftres, & trois autres
gros efquadrons de Reiftres, de chacun fix cornettes, tout celà au cul de leur cauallerie Françoife: Puis apres parurent dix-huiĉt ou vingt enfeignes d'infanterie (commandees par Mouy & Ville-
neufue) pietres & affez mauuais foldats : Apres vn
bataillon de Lanfquenets, qui paroiffoit de cinq à
fix mil hommes : deux bataillons de Suiffes, qui a-
uoient monftre de fix à fept mil hommes chacun,
garnis de forces picques, qui les rendoit plus fu-
rieux : Ils fe mirent tous en ordonnance & place
de bataille, dans vne belle & grande plaine, entre le
village où ils auoient logé & la riuiere de Modon,
marchans en file douze à douze pour venir au gué,
trainans à la tefte des Suiffes douze ou quatorze
petites pieces, comme Fauconneaux, lefquelles
defcouuertes par les Catholiques, & que le deffein
de leurs ennemis eftoit de paffer la riuiere, fuiuant
la refolution prife, de ne les attendre, ny deffendre

le

le paſſage: Monſieur de Guyſe fit retirer la plus
grande part de ſa cauallerie, l'approchant plus pres
du coſtau où eſtoit ſon infanterie, en paſſant vn
faux ruiſſeau, dont les paſſages n'eſtoient pas par
tout bien faciles:Et luy demeura encore ſur le bord
du gué auec enuiron cent cheuaux, voulant voir les
ennemis de plus pres: leſquels à la retraite de ceſte
cauallerie ne douterent plusque ce paſſage ne leur
demeuraſt libre, & ſans plus marchander donnerent partie par le gué,partie par le moulin, qui fut
forcé,& enuiron quaráte ſoldats Catholiques prins
ou tuez dedans, leſquels ſe deffendirent treſbien, y
ayant receu Mouy vne harquebuzade à la cuiſſe,
dont il fut fort bleſſé.

La cauallerie & infanterie Françoiſe des Huguenots paſſerét les premiers la riuiere de Modon,
ſuiuiz de trois cornettes de Reiſtres, prenans dans
le pré leur place de bataille, laiſſans eſpace ſuffiſan-
te derriere eux, pour ceux qui ſuiuoient: Monſieur de Guyſe qui ſ'eſtoit retiré à la faueur de ſon
infanterie,& mis le faux ruiſſeau entre les ennemis
& luy, eut quelque volonté de combatre ce qui
eſtoit paſſé, & le mit en deliberation auec ſon Alteſſe, & les Capitaines de l'armee Catholique. Sur
quoy il fut debattu & remonſtré que l'on auoit pris
vne reſolution toute contraire:que la caualerie qui
eſtoit ſur le haut de la montagne ne pouuoit deſ-
cendre qu'à la file, & par vn ſeul chemin mal-aiſé,
& auſſi long à faire que celuy des ennemis qui
eſtoient encores delà l'eauë:Ioinct qu'il falloit paſſer, pour aller à eux, le faux ruiſſeau, au delà duquel l'ennemy auoit gagné la place de bataille, &

E

les attendoient de pied ferme: Et furent ces raisons
si fortes, & les difficultez trouuees telles, qu'à son
grand regret il fallut qu'il se contentast de veoir le
reste de ceste grâde armee passer (comme ils firent)
pour se conduire consecutiuement l'vn apres l'autre en l'ordre susdit: Les premiers passez s'auan-
çans pour faire place aux autres: & quand tout eust
passé l'eaüe, ils se rangerent en la mesme ordonnance, le front & la teste tournez vers les Catholiques, faisans aduancer leurs gens de pied François
& Lansquenets, iusques sur le bord du faux ruisseau: Et sembloit lors qu'ils vinssent resoluz de
donner à bon escient, & le passer: Car tout suiuoit,
les gens de pied trainans les picques, l'artillerie de
front, la bouche au deuant, & les trompettes faisans
forces fanfares. Ayans en ceste forme marché vn
traict d'arc, & voyans que du costé des Catholiques
rien ne branloit, ils s'arresterent sur le bord dudit
faux ruisseau, & y ayans trainé leur artillerie, en tirerent plusieurs volees sans nul effect, ny blesseure
d'vn seul homme: comme aussi il ne se fit aucune escarmouche, que quelques harquebuzades, qui furent tirees de bien loing, dont il y eut des cheuaux
blessez d'vne part & d'autre. Et ayás demeuré quelques heures en parade, les vns deuant les autres, les
Huguenots se mirent à faire leur retraitte les der-
niers, repassans la riuiere, con.me ils estoient venus, se logeans en leur mesme logis: les Catholiques
aussi firent leur retraitte, repassans la Mozelle, & se
logeans sur le bord de l'autre costé à Chailligny, &
autres villages plus proches.

A pres que chacun fut hors du danger, (cóme c'est

la couſtume)i'entendis diſcourir à mon aiſe, autant
les ignorans côme les Capitaines, des fautes recon-
gnues en ces deux iours, & faites par les Chefs des
deux parties,& ce que les vns & les autres pouuoiét
faire de mieux. L'on diſoit que Monſieur de Guyſe,
pour vne curioſité trop grãde,de vouloir luy meſme
veoir & faire ce qu'euſt peu vn moindre que luy,
auoit hazardé ſa perſonne trop libremét:mais auſſi,
côme il fit celà,ſans le bié cõſiderer, il l'auoit valeu-
reuſemét reparé, tãt par ſa hardieſſe,que par ſon bõ
ſens, garantiſſant ſa cauallerie legere par ceſte ruſe
de guerre, qu'il fit repaſſant l'eaüe du coſté des ennemis,qui ne ſ'y attédoient,ny ne l'euſſent penſé,&
auant qu'ils l'euſſent recongnu, ledit Sieur Duc de
Guyſe auoit gagné tel aduantage de chemin, qu'il
n'y eut plus ordre de le rejoindre,ny de luy mal faire. La perte qu'il fit d'vne vingtaine d'hommes à ce
moulin, ou ailleurs de quelques vns mal môtez, ou
peu obeyſſans,luy tourna à gloire:car ceux qui font
profeſſion des armes,& qui les ont longuemét pra-
ticquees,iugent qu'vne retraitte honorable, & meſmes à la teſte d'vne armee, eſt plus digne & loüable
que tous autres actes de guerre. L'autre beau traict
des Catholiques eſt,qu'ils couurirét le deſordre qui
pouuoit eſtre parmy eux, n'ayás leurs forces aſſem-
blees, ny preparees au combat, par leur bonne mine & aſſeurance à garder le premier iour le paſſage
du gué; & à ſ'y oppiniaſtrer. Au contraire les Huguenots vſerent tref-mal de l'occaſion: Car eſtans
de beaucoup plus forts, comme ils eſtoient, ne ſe
deuoient amuſer à attendre le plus peſant de leur
armee, par ce que laiſſans leurs Suiſſes & leurs ar-

tillerie, & marchans auec leur cauallerie, infanterie Françoise, Lansquenets & partie de leurs Reistres, sans s'arrester au gué que deffendoient les Catholiques, voyans qu'il y en auoit plusieurs autres,
& mesmes deux fort beaux ponts, dont nous auons
parlé, desquels ils se pouuoient seruir, venans par la
plaine droit aux Catholiques. Il est à croire qu'ils
les eussent contraints & obligez au combat auec
grand desaduantage, ou à se retirer honteusement,
perdans leur logis & leurs bagages, estans pour certain en mauuais ordre, pour ceste inopinee & moins
attendue rencontre: à quoy seruoit bien encores
l'assiette du lieu, par ce qu'il falloit passer la Mozelle à gué, puis toute leur armee, par vne rue bien
estroitte, dans le Pont sainct Vincent, pour venir à
la place de bataille, fort contrainte (comme elle a
esté representee) qui empeschoit que l'on ne se pouuoit mettre en ordonnance: & se trouuoient encores se retirant leurs bagages pesle-mesle en tres-
grand desordre. Ils entendirent & prattiquerent
lors fort mal ce qui est du deuoir d'vne armee plus
forte, & qui entre dedans vn pays pour conquerir,
laquelle doit tousiours chercher le combat: Et celle
qui est pour la deffense du pays, ne le doit receuoir
(quand mesme elle seroit esgale en forces) que par
contrainte, necessité, ou aduantage, qui luy promet-
te la victoire.

Les Huguenots trouuerent en ce logis là vn tres-
grand rafraichissement, & dont ils auoiét besoing,
pour auoir eu grand deffaut de viures, à cause de la
rupture des fours & moulins: Ce qui n'estoit en
ceste contree pour n'estre leur brisee, & où aussi

ils furent attirez accidentalement. Se trouuãs doncques logez commodément, ils se refraischirét trois ou quatre iours, pendant l'vn desquels le Sieur de la Chastre qui estoit demeuré logé dans le Pont sainct Vincent à demie lieuë des ennemis, auec sa compagnie d'hommes d'armes, & cinq ou six cens harquebuziers, sceut comme en deux villages qui se touchent presque, l'vn nommé Maisiers, où il y auoit vn Chasteau appartenant au Chapitre de Thou, qui s'estoit trouué tellement remply de toutes sortes de viures, & mesmes de vin, que les Huguenots y venoiét à trouppes, & à la foule pour y fourrager: Il entreprint d'y aller, & de fait partit le lendemain, auec cinquante bons cheuaux seulement, & trente harquebuziers à cheual, & trouua ces deux villages si pleins de Suisses, Lansquenets & Reistres, la plus part yures, qu'ils n'eurent pas grande peine à en tuer ce qu'ils voulurent, à quoy ils ne s'espargnoient pas, & en amenerent infiniz prisonniers, & mesmes huict ou dix Reistres, qui furent les premiers que ie veis pris en ceste armee. Mais celà (la friandise du vin faisant oublier le mal suruenu, & le danger present) n'empescha pas que le lendemain ils ne retournassent en plus grãd nombre, & auec bonne & forte escorte: dont ledit Sieur de la Chastre aduertit Mõsieur de Guyse, qui estoit à deux lieuës de là. Lequel incontinent monta à cheual en personne, pour auoir sa part du plaisir, amenant auec luy mil harquebuziers du regiment de sainct Paul, & deux cens cheuaux, marchant par les bois qui donnoient iusques au bord dudit village: mais il y arriua si tard que tous les fourra-

E iij

geurs & l'escorte s'estoient retirez, horsmis quelques yurongnes trouuez encores dans les maisons,
qui furent tuez. L'on voyoit de dessus la coste toute
la plaine & le logis des ennemis, & mesmes deux
moulins assez proches du Pont sainct Vincent, qui
estoient frequentez de force meulans, & y auoit en
chacũ moulin cét ou six vingts harquebuziers pour
la seureté, tant des moulins, que des meulans: Ledit
Sieur Duc se resolut à les faire forcer, bien qu'ils
fussent proches, & en veuë de tous les villages où
estoient logez les Huguenots: mais aussi la retraitte
estoit courte & fauorable aux Catholiques. Sainct
Paul auec sa trouppe eut commandement d'y donner: ce qu'il fit sans marchander, & de telle furie,
que les gardes de ces moulins s'en estonnerent si
fort, qu'ils se ietterent incontinent dans l'eauë, sans
rendre que bien peu de combat: & fut tué ou noyé
aux deux moulins cent ou six vingts hommes sans
aucune perte des Catholiques. L'alarme fut aussi
tost au camp des Huguenots, & bien chaude, &
fut incontinent la campagne couuerte d'hommes
venans au secours des assaillis: mais trop tard, ayans
les Catholiques tout loisir de regagner le Pont S.
Vincent: & se passa ceste premiere approche des
deux armees ainsi, chacune des deux parties disant
auoir l'auantage: Les Huguenots se preualoient d'a-
uoir fait retirer les Catholiques & leué le logis
de leurs cheuaux legers; tué ou prins cent ou six
vingts hommes le premier iour, comme ils se van-
toient (mais ie ne les ay ouy estimer à plus de vingt,
ou vingt-cinq) & d'auoir presenté la bataille le lendemain, passans la riuiere à gué, sans aboyer l'eauë,

de laquelle leurs Suiſſes auoient iuſques au deſſus de
leurs groſſes brayettes. Les Catholiques ſe tenoient
de leur part aſſez contés d'auoir paru auec deux mil
cheuaux, & huiƈt ou dix mil hommes de pied deuant vne armee de trente ſix mil hommes, fournie
d'artillerie, eux n'en ayans point, & d'auoir le premier iour gardé le gué, & depuis touſiours logé à
leur barbe, ſ'eſtans preſentez le lendemain les premiers en leur meſme place du iour precedent ; paſſans les premiers la riuiere de Modon ſur leurs ennemis, pour les aller reſueiller, & attendans le reſte
de la iournee iuſques à quatre heures du ſoir au lieu
où ils ſ'eſtoient placez, & logé leur infanterie (qui
ſe doit prendre pour le corps de l'armeë) ſans qu'ils
en perdiſſent vn poulce de terre, ny ſ'eſtonnaſſent
de toute la monſtre que firent les Huguenots deuant eux, ny de pluſieurs coups qui leur furent tirez
de leur artillerie : meſmes que les Huguenots commencerent les premiers à faire leur retraitte, repaſ-
ſans la riuiere de Modon au meſme ordre qu'ils
eſtoient venuz, ſe logeans aux plus proches villages : Que ledit Sieur de la Chaſtre auſſi laiſſé dans
le logis du Pont ſainƈt Vincent l'auoit touſiours
gardé, ſans qu'il en ſoit bougé trois ou quatre iours
durant que leſdits Huguenots ont ſeiourné au logis, & villages plus proches dudit pont.

Apres le ſeiour deſdits Huguenots, & qu'ils
eurent fait leurs prouiſions de bled & farine, mu-
niſſans leurs chariots, ils marcherent par le Comté
de Vaudemont : & les Catholiques auſſi ſur leur
main droiƈte, allerent loger à Thou. Les Huguenots faiſoient fort peu de chemin, pour eſtre leur

camp pefant, chargé d'artillerie mal attelee, le pays gras, & la peine de recouurer des viures pour vne fi grande armee, les empefchoit d'aller vifte: outre ce qu'ils auoient d'heure à autre la cauallerie des Catholiques fur les bras, qui ne failloit chacun iour leur porter dommage, & principalement aux moulins, où ils n'alloient à faute. Sept ou huiat iours fe pafferent de cefte façon en legeres courfes des Catholiques: car les Huguenóts iamais n'en feirent vne feule fur l'armee de leurs ennemis. Et vindrent loger ies Huguenots dans le Ioinuillois, à S. Vrbain, Abbaye appartenant à Monfieur le Cardinal de Guyfe, & és enuirons. Monfieur de Guyfe en receut les nouuelles à Sorcy, tref-beau & grand Bourg, & la plus belle affiette d'armee qui peut eftre. Celà donna à penfer audit Sieur Duc, voyant fes plus grands ennemis logez dans fes terres, & à la porte de fa principale maifon, qui eft Ioinuille, affez mal fournie pour lors d'hommes, pour ce que la pefte eftoit tref-grande dedans la ville, qui eftoit prefque toute abandonnee des habitans: nonobftant celà, l'on y fit la nuiat couler deux ou trois cens harquebuziers.

Et le dix-huiat ou dix-neufiefme dudit mois de Septembre fon Alteffe alla loger auec l'armee à Ligny en Barrois, & Monfieur de Guyfe prenant mil lances, & douze cens harquebuziers fans bagage à Montier Surfault, maifon & terre à luy appartenante, qui eft vn grand village à deux lieuës de Ioinuille, & autant dudit lieu de fainat Vrbain, péfant que les ennemis entreprendroient quelque chofe fur Ioinuille, qu'il pourroit aifément fecourir, à la faueur

ueur du pays qui eſt à luy, fort couuert & plein de bois; ou donner à quelque logis des ennemis à ſa commodité:à quoy le temps s'oppoſa par vne pluye ſi forte, & qui dura deux ou trois iours qu'il n'y eut ordre, meſme de ſortir du logis: & vit. on ceſte premiere iournee entre Sorcy & Ligny mourir cent ou ſix vingts hommes, ſoldats ou goujats du battement de la pluye & mauuais temps, tous les bagages demeurez, & grande partie de l'infanterie : & continua ceſte incommodité de temps trois iours durans, rompant le deſſein dudit ſieur Duc & faiſant tenir l'vne & l'autre armee au logis.

Vne occaſion les en fit ſortir, qui fut telle. Son Alteſſe eſtant à Thou eut aduis que Monſieur de Chaſtillon marchoit par la Bourgongne, & deuoit paſſer pres de Neuf-chaſtel, pour ioindre l'armee eſtrangere. L'aduis eſtoit tref-bon & certain, ſur lequel le Marquis de Varambon fut deſpeſché auec ſon regiment, & douze cens harquebuziers de ceux de ſon Alteſſe, trois cens lances du Marquis de Hauré, & la compagnie de Monſieur de Brion, qui eſtoit ſur le chemin venant trouuer l'armee Catholique :ceſte compagnie conduite par le Sieur de Rochefort Beauuais, fut mandee ſe ioindre audit Marquis. En ceſte expedition les Huguenots en meſme temps eurent aduis auſſi dudit Sieur de Chaſtillon, de ſon acheminement & danger, les priant inſtamment de l'attendre, & enuoyer deſgager. Pour cét effect, ils deſpeſcherent deux cens cheuaux François, & huict cornettes de Reiſtres, pour aller au deuant dudit Chaſtillon : ce qui fut incontinent ſceu en l'armee Catholique, & re-

F

folu fur l'heure de renforcer du Marquis de Varambon, pour deffaire Chaftillon & ce fecours auffi :
mais qu'il falloit pouruoir aux places & paffages
de la riuiere d'Aulbe & de Seine, auant que de l'en
reculer : dont la charge fut commife au Sieur de la
Chaftre, Marefchal de camp, qui mena auec luy
deux cens cheuaux & le regiment de Gyé, de huict
cens hommes qui arriuerent en l'armee & trois cens
harquebuziers du maiftre de camp Bouc : & fe de-
uoiét encores trouuer à Chaftillõ fur Seine douze ou
quinze enfeignes, que Monfieur du Mayenne y faifoit couler par la Bourgongne. Le furplus de l'armee
catholique marcha à Vaucouleurs, où ils apprindrét
que toute l'armee Huguenote marchoit au fecours
de Chaftillon : qui fit auffi hafter les Catholiques,
les penfant preuenir, laiffans leurs bagages, &
choififfans de la cauallerie les mieux montez, &
de l'infanterie les mieux ingambes & difpofts pour
marcher plus diligemment, & gagner NeufChaftel
(comme ils firent) voyant fouuent par le chemin
l'ennemy, marchant auec pareille ardeur de fecourir Monfieur de Chaftillon, comme ils auoient
volonté de l'accabler : mais il fut garanty par autre
moyen.

Le Marquis de Varambon eftant defpefché de
de Thou (comme vous auez ouy) fit diligence, &
auec les guides que l'on luy auoit baillé & les forces denómees, arriua pres d'vn certain lieu, nommé
Grizelle, dans la Bourgongne, où il fceut affeuré-
ment que le Sieur de Chaftillon eftoit arriué le iour
precedent, & qu'il attendoit là fon fecours : Le Marquis fe refolut de l'affaillir promptement dans le

village où il estoit, sans luy donner plus grand loisir de se fortifier, ny à son secours de le desgager. La
cauallerie fut ordonnee pour se mettre entre ledit
village de Grizelle & le Chasteau, qui est bon pour
coups de main, & à la faueur dudit Châstillon; pour
ce que le maistre est Huguenot : le Marquis auec
l'infanterie attaqua le village, qui se trouua aucunement barricadé, mais soit que ledit Sieur de
Chastillon ne le trouuast pas bien tenable, ou qu'il
fust bien asseuré du prompt secours qu'il luy venoit
ne fit que bié peu de deffense à la barricade, la quittant & le village aussi, pour faire sa retraitte au
Chasteau, auançât cét ou six vingts harquebuziers,
que le reste suyuoit de deux cens pas. Entre ledit
Chasteau & le village c'estoient iardins & chene-
uieres, par où marchoit ledit sieur de Chastillon : Le
sieur de Beauuais, auec la compagnie de Monsieur
de Bryon fit vne charge aux premiers, qui à la faueur du lieu tref-aduátageux pour l'harquebuzerie
la soustindrent aysement, blesserét l'enseigne dudit
sieur de Bryon, tuerent quatre ou cinq cheuaux, autát de maistres, & faisans retirer le reste, entrerét ay-
sémét dás le Chasteau, où ils estoiét fort pressez, soit
de logis, soit de viures : mais ils y demeurerent peu.

Ce pendant toutes les deux parties se hastoient,
les vns, pour prendre ledit sieur de Chastillon, comme ils se le promettoient, les autres pour le garantir & sauuer. Les Catholiques tiroient de l'artillerie de la Motte, place appartenant à Monsieur de
Lorraine, & laquelle estoit en chemin; mais l'appro
che des forces Huguenotes fit retourner bien viste
ladite artillerie, & resserrer les Catholiques, qui

F ij

se logerét dedás Neuf-chastel: Le Duc de Guyse mesme estát en persône arriué ce mesme iour, si las & ha-
rassé de grádes traictes & du mauuais temps, qu'ils
furét côtraints seiourner deux iours à Neuf-chastel.

Les Huguenots auoient senty la mesme incommodité, soit du temps, ou du chemin, qui les fit
aussi seiourner deux ou trois iours, puis marchans
plus auant au meilleur pays, vindrent és enuirons
de Chasteau-Villain se rafraischir & festoyer
Monsieur de Chastillon, qui leur amena seulement
mil ou douze cens harquebuziers; en ce comprins
cent ou six vingts hommes, portans cuirasses : mais
ils faisoient tres-grand estat de sa persône.

Ce pendant Monsieur de Guyse s'en retourna
trouuer Monsieur de Lorraine qui estoit demeuré
derriere, & se resolurent ensemble de ce qu'ils
auoient à faire. Ledit Sieur de Lorraine attendoit
quatre mil Reistres & douze cens lances Italiennes,
qu'il auoit enuoyer leuer, & ne vouloit marcher, ny
entrer dans les terres du Roy Tres-Chrestié à main
armee, bien que ce fust pour son secours & seruice,
sans son congé & bon plaisir. Surquoy il se trouuoit
quelques difficultez des deux costez, dont l'on trai-
toit l'accommodement : Le Marquis de Hauré
dit aussi qu'il n'entreroit pas auec ses forces dans
les terres du Roy, sans en estre requis, & congedié
du Prince de Parme son General. Le Duc de Guyse se voyoit d'ailleurs obligé pour sa religion, le
deu de sa charge, son honneur & deuoir, & le seruice du Roy, d'empescher ces estrangers, & s'opposer à leurs pillages & rauages, mesmes allans entrer
dans son gouuernement. En fin il se resolut de laisser

retourner son Altesse à Bar le Duc , auec le Marquis
de Hauré, & toutes leurs forces. Et luy auec enuiró
trois à quatre cens lances, qui luy resterent , & trois
mil harquebuziers print son chemin droit à Bar sur
Aulbe. Ce renary que feirent ces deux armees, l'vne
pour défaire Chaistillon , l'autre pour se conseruer
& receuoir , les harassa & ruyna tellement , auec le
mauuais temps pluuieux qu'il fit presque tousiours
durant ce temps là , qu'ils furent contraints les vns
& les autres de seiourner & se rafraischir . Ce que
feirent les Huguenots és enuirons de Chaumont
en Bassigny, & Chasteau-Villain: & le sieur de Guyse estant separé de son Altesse, s'achemina à petites
traictes, s'eslongnant des ennemis, pour leur venir
gagner la teste, sur la riuiere d'Aube: Se reposant sur
le Sieur de la Chastre, son maistre de camp, qu'il
auoit auancé (comme il est cy deuant) & aussi pour
vn peu soulager ses gens tous harassez.

Lequel sieur de la Chastre partant de Ligny vint
loger en trois traittes, auec ce qu'il auoit de forces, dans la ville & faux-bourgs de Bar sur Aulbe, où
il seiourna deux iours seulement, pour prendre
temps d'enuoyer recongnoistre l'ennemy, & s'in-
former au vray de la brisee qu'il voudroit prendre.
Par les rapports qui luy furent faits , il estima
estre plus commode de s'auancer iusques à la Ferté sur Aulbe, où il alla loger, pour apporter plus
de faueur à plusieurs petites villes, menacees d'estre
branquetees: Et mesmes pour couurir & conseruer l'Abbaye de Cleruaut ; qui est l'vne des plus
belles & anciennes de France , Chef de l'ordre
Sainct Bernard, tref-riche & opulente , pour le

F iij

bon mefnage & grande economie dont vfent l'Abbé & les Religieux : chofe qui n'eftoit incongnue aux ennemis, & comme elle eft tref-foible, n'ayant qu'vne fimple muraille qui l'enferme , fans flanc ny aucune forterefle : celà faifoit efperer aux Huguenots d'en tirer vne bonne & groffe fomme , pour ne la brufler point. Et déja quelques vns d'eux auoient aduerty l'Abbé, en amy, de fe mettre en deuoir de preparer des munitions & de l'argent. A quoy le bon homme d'Abbé euft bien vnulu fe difpofer, s'il n'en euft efté diffuadé par ledit Sieur de la Chaftre, qui l'affeura de le conferuer par autre voye moins chere & plus honorable. Et de fait il logea deux cens harquebuziers dedans l'enclos de l'Abbaye, eftimant que celà empefcheroit la furprinfe & violence des coureurs , & que la tefte de l'armee ne tourneroit pas à cefte feule occafion, pour venir piller vne Abbaye, dont les aduenues font fort difficiles & mal-aifees, pour la grande quantité de bois dont ladicte Abbaye eft enuironnee , & encores de la riuiere d'Aulbe, qui eftoit fort groffe & croiffoit tous les iours. Et de fait cefte garnifon & la prefence dudit fieur de la Chaftre, logé à la Ferté fur Aulbe , demie lieuë plus auant que Cleruaut, la tint en paix & affeurance quelques iours : Et iufques à ce que le camp des Huguenots defplaça & fe vint loger fur ladite riuiere d'Aulbe, trois & quatre lieuës dudit Cleruaut , la tefte tournee toutesfois vers Chaftillon fur Seine , qui eft le chemin ordinaire de tous les Reiftres qui font venus en France. Lors ledit fieur de la Chaftre fut con-

traint, pour pouruoir les villes de Muſſy l'Eueſque
& Chaſtillon ſur Seine, ſauancer iuſques au lieu de
Potieres, qui eſt vne Abbaye & petit bourg fermé
entre Muſſy & Chaſtillon, d'où il pouuoit ſuruenir
& pouruoir à tout ce qu'euſſent peu entreprendre
les Huguenots, ayant laiſſé dans Cleruaut deux
cens hommes de pied. Les Huguenots ſe faſchoient
extremement de perdre la commodité qu'ils ſe-
ſtoient promiſe de ceſte Abbaye, dont ils ſ'approcherent iuſques à vne lieuë : A ſçauoir leurs
Lanſquenets & cinq cornettes de Reiſtres auec
deux ou trois pieces d'artillerie, ſe promettans que
auſſi toſt ceux qui eſtoient dedans ladite Abbaye ſ'eſtonneroient : comme à la verité elle n'eſt
aucunement deffenſable, & que ſollicitans l'Abbé
ainſi qu'ils firent, il leur y pouruoiroit de commodité, comme il eſtoit tout reſolu. Et auoit accordé
auec eux cent mil pains, cinquante pieces de vin,
cinquante bœufs, deux cens moutons, quarante
cheuaux pour l'artillerie & douze mil eſcus, que
Meſſieurs les Reiſtres penſoient déja tenir.
Mais Monſieur de Guyſe, qui ne ſ'endormit pas,
ayant le vent de ce traicté ſe mit entre la bourſe &
l'argent, & d'vne grande traicte vint ſe loger auec
mil harquebuziers & trois cens cheuaux dedans ladite Abbaye, la nuict de deuant que toutes les prouiſions ſuſdites ſe deuoient fournir, & ſans bruit ſe
tint ſerré dedans le clos d'icelle Abbaye, attendant
que les Huguenots ſ'auançaſſent pour receuoir les
choſes promiſes. A quoy ils furent fort long, ſoit
qu'ils euſſent doute, ou bien aduis certain de ce qui
ſe tramoit contre eux : Et en fin, ſur le haut du iour

quelques François marchans les premiers, suiuis de
trois cornettes de Reistres s'auancerent à demie
lieuë dudit Cleruaut, où Monsieur de Guyse leur
alla au deuant, ayant premierement, à la faueur des
bois, logé bien & fortement ces mil harquebuziers:
& s'approcherent l'vn & l'autre de cinq cens pas,
ne voulant pas les Huguenots enfoncer les bois, ny
plus auant les Catholiques prendre la plaine. Les
Huguenots se retirerét, repassans la riuiere d'Aulbe
iusques à la selle de leurs cheuaux, & essayerent de
vouloir refaire vn pont, & raccoustrer le passage
d'vn moulin; dont ils furent bien empeschez par
l'infanterie de Monsieur de Guyse, qui s'auança
iusques sur le passage, & estonna les ennemis, & les
fit retirer bien viste au gros de leur armee, craignãs
son nom & ses entreprises hazardeuses; qui fort
souuent par son bon-heur & conduite luy ont
reüssy glorieusement: Et est à croire que si la riuiere eust esté lors bien gueable (comme elle n'estoit)
& les ponts n'eussent esté rompus, veu le desordre
qui fut parmy les ennemis, il les eust fort endõma-
gez: Car cinquante cheuaux legers, qui passerent
l'eauë iusques à la selle de leurs cheuaux, ramene-
rent forces prisonniers, & plus qu'ils n'estoiét d'hõ-
mes: Et rapporterent qu'ils auoient veu branler
les Lansquenets, & prests d'abandonner l'artillerie.
Et par la diligence dudit Sieur Duc, & sa hardiesse,
fut conseruee ceste belle Abbaye du feu, ou d'vne
tres-grande commodité, que les ennemis en eussent
tirez.

Pendant que toutes ces choses se faisoient du costé dudit Sieur Duc de Guyse, le Sieur de la Chastre

ſtre ſeſtoit mis dans Chaſtillon ſur Seine, qui eſt
vne treſ-grande ville au Duché de Bourgongne, de
grande garde, & ſi peu fortifiée, qu'vn quart de la
ville, depuis les Cordeliers iuſques à Chaumont
(qu'ils appellent Haute-ville) n'eſt fermee que des
maiſons meſmes, & n'y a foſſé ny aucune fortereſſe
qui vaille: Toutesfois elle eſt treſ-marchande &
fournie de toutes commoditez, qui donnoit bonne
enuie aux Huguenots de ſ'en emparer, & aux Catholiques de les empeſcher. Et pour ce faire, Monſieur du Mayenne auoit enuoyé au ſieur de Linty,
Gouuerneur de ladite ville de Chaſtillon, trois mil
harquebuziers. Et ſçachant ledit ſieur du Mayenne
que ledit ſieur de la Chaſtre eſtoit deſpeſché de Môſieur ſon frere, pour fauoriſer les villes qui ſont ſur
les riuieres d'Aulbe & de Seine, l'enuoya prier par
pluſieurs lettres, conſideré la conſequence dudit
Chaſtillon, qui ne ſe pouuoit garder ny conſeruer,
que par la force des hommes, & vn bon Chef dedãs
qu'il s'y voulut mettre auec les forces qu'il auoit
amenees, & celle encores qu'il auoit enuoyees pour
cét effect; à quoy il obeyt.

Et le vingt-huictieſme dudit mois de Septembre
ledit ſieur de la Chaſtre entra dans ladite ville de
Chaſtillon, laiſſant dedans Potieres & autres pe-
tits bourgs fermez, des hommes pour les garder. Et
ſur l'heure fit deſcription des forces qu'il logeoit
audit Chaſtillon : Il ſe trouua plus de trois mil harquebuziers, & deux cens cinquante cheuaux. Et ſans
perdre téps le iour meſme il departit les quartiers,
& ordonna à chacun Capitaine, tant de cauallerie
que d'infanterie, ce qu'il auroit à faire en cas d'alar-

G

me, & où chacun se rendroit : pouruent à l'ordre des viures & aux munitions de guerre, dont y en auoit fort peu dans la ville : mais ayant en diligence enuoyé à Troye aux Mayre & Escheuins, le secouru-rent de douze ou quinze cens liures de poudre menue, grenee. Il fit aussi faire la plus grande quantité de fassines, gabions & clayes que le temps le pouuoit permettre, & aucunement releuer la contrescarpe aux endroits où le fossé valoit le moins, attendant que feroient les ennemis : lesquels se tindrent l'espace de sept ou huit iours à quatre ou cinq lieuës de ladite ville de Chastillon, soit qu'il y eust quelque empeschement parmy eux, ou bien que sentans ceste place là bien fournie, tant d'vn bon Chef, que d'hommes de guerre, & que Monsieur de Guyse s'en estoit approché iusques à Bar sur Seine, apres auoir conserué Cleruaut, & que d'ailleurs Monsieur du Mayenne du costé de Bourgongne s'y achemi-noit aussi, auec mil ou douze cens harquebuziers & six cens cheuaux. De tout ce que dessus ledit Sieur de la Chastre auoit assez amplement escrit & don-né aduis audit Sieur Duc de Guyse, & de l'estat de la place, qui ne valoit du tout rien (comme elle estoit bien congnuë pour telle, mesmes aux ennemis) & que neantmoins le nombre de bons hommes qu'il auoit auec luy, tous desireux de faire vn bon seruice au Roy, & acquerir de la reputation, pouuoiét non seulement garder ceste place ; mais faire grand ennuy & dommage aux ennemis, s'ils passoient la riuiere de Seine au pont des Estrochets, qui est le lieu & passage ordinaire où ont tousiours prins leurs brisees les Reistres venus en France. Et deduisoit

amplement dedans sa lettre l'auantage que pouuoit
auoir ledit Sieur de Guyse, venant loger à Mussy l'E-
uesque auec ses forces, qui pouuoient estre encores
de deux mil cinq cens, à trois mil bons harquebuziers, & cinq cens cheuaux, pour se rendre seure-
ment & à couuert iusques à Potieres, bon Bourg fermé, où il y a vne Abbaye dans vn marests, fossoyee
de tres-bons fossez : Et pour cét effect ledit Sieur de
la Chastre yauoit laissé trois cés harquebuziers pour
attendre & receuoir ledit Sieur Duc. Dudit Potieres l'on vient par vne chaussee tres-mal-aisee (où il
ne peut passer qu'vn cheual de front) gagner vn bois
en mesme assiette d'vn pays si mol que l'on n'y peut
aller que par quelques chemins frayez & faits ex-
pres, lesquels accommodez tant soit peu, mil harquebuziers le pouuoiét garder & deffendre vn long
temps contre vne armee ; & en fin se voyans prests
d'estre forcez, leur retraitte sans difficulté estoit seu-
re audit Potieres, où il n'y auoit moyen de conduire
promptement de l'artillerie, sans auoir preparé &
accommodé les chemins par vn grand temps & loisir. Dudit bois vne mousquetade peut porter dans le
gué des Estrochets, qui eust grandement offensé les
ennemis en leur passage. Ce que ledit Sieur de Guyse ayant bien gousté, & trouué les aduis dudit Sieur
de la Chastre bós, il luy fit response qu'il ne faudroit
de suiure son aduis, & qu'il escriuist à Monsieur du
Mayenne qu'en mesme temps il s'approchast aussi ;
à quoy ledit Sieur du Mayenne bien preparé de
son costé, comme l'estoit Monsieur de Guyse &
le Sieur de la Chastre aussi, n'attendans que
le temps que l'armee des Huguenots marchast,

pour se venir enfourner dans ce passage : mais ils
auoient surprins les lettres du sieur de la Chastre &
de Monsieur de Guyse, qui s'escriuoient l'vn à l'autre, qui descouurit tout le dessein cy dessus discouru
qui leur fit changer d'aduis & de chemin.

Le trois ou quatriesme iour d'Octobre le corps
de l'armee Huguenote vint loger à deux petites
lieuës de Chastillon, & toute l'infanterie Françoise :
& la plus part de leur cauallerie, auec le sieur de
Chastillon, se logerent serrez tous dans vn village à
vne lieuë, & à la veuë dudit Chastillon sur Seine, la
teste droit au passage des Estrochets : qui fit croire
audit sieur de la Chastre, que pour certain ils y con-
tinueroient leur chemin, & passeroient la riuiere de
Seine audit lieu des Estrochets : Dont en toute diligence il aduertit Messieurs de Guyse & du Mayenne : chacun d'eux ne fut paresseux de s'auancer sans
bagage, & de tenir leurs gens de guerre en bon ordre.

Le lendemain Dimanche, sur les sept heures du
matin la teste de l'armee Huguenote parut entre
deux montagnes, qui s'appellent les Iumeaux, pour
estre proches l'vne de l'autre : & entre lesdits Iumeaux & ladicte ville de Chastillon, y a vne tres-
belle & grande plaine, où ladite armee se mit bien
diligemment & en bon ordre en bataille, en toute telle forme comme s'ils eussent eu vne semblable
armee en teste à combatre : Et ayans dressé leurs bataillons droit audit passage des Estrochets, deux cés
cheuaux François commençans les premiers à marcher, quittans le chemin des Estrochets, qui estoit à
main droicte d'eux, & à gauche de la ville de Cha-

ſtillon, monſtrans le flanc à ladite ville, & la laiſſans d'vne petite lieuë à leur main droicte, vent
dreſſer leur file pour paſſer la riuiere de Seine à vn
villagé nommé   où il y auoit quelques
planches pour les gens de pied. La riuiere ſe guee,
non ſeulement aux paſſages ordinaires, mais preſ-
que par tout. Ainſi par ceſte grande plaine ladite
armee marcha ſans rompre l'ordre de leur bataille.
Apres ces deux cens cheuaux François, marcherent
ſept cornettes de Reiſtres ſur la teſte d'vn coſtau qui
regardoit les planches & gué, où paſſoit la file de
l'armee, à enuiron mil pas de la ville de Chaſtillon,
ils firent alte, pour empeſcher les ſorties de la ville.
Apres les Lanſquenets, marchoit vn bataillon de
Suiſſes, puis ſept autres cornettes de Reiſtres, qui ſe
logerēt au lieu de ces premiers qui paſſerent l'eauë:
Puis marcha l'autre bataillon de Suiſſes, auec l'artillerie, & Meſſieurs de Bouillon & de la March,
tous deux malades, portez en des brancarts, & ſui-
uis de bien ſoixante autres brancarts. Sur la fin pour
faire l'arrieregarde, marchoit Monſieur de Chaſtillon, auec trois cens cheuaux François, & autres
ſept cornettes de Reiſtres & mil harquebuziers.
Ceſte derniere trouppe s'eſtoit venuë planter dés le
matin deuant la ville, ſur l'aduenuë que marchoit
leur armee dans le milieu de la plaine, ſans auoir
rien attaqué, ny meſmes recongnu les faulx-bourgs
ny pluſieurs maiſons eſcartees, ny vne Abbaye &
Egliſe que les Catholiques gardoient. Le Sieur de
la Chaſtre eſtant ſorty dés le matin à cheual, accompagné d'enuiron trente cheuaux, & cent laiſſez derriere, à la faueur d'vne bonne trouppe d'harquebu-

ziers, s'auança dans la plaine pour les considerer, &
leur marcher & contenáce. Ce qu'ayant assez recongnu, & voyant qu'ils faisoient mine de ne vouloir
rien attaquer, il s'auança encores si pres d'eux, que
des Gentils-hommes des deux costez le recongneu-
rent & parlerent ensemble. Il se tira quelques harquebuzades, sans plus entreprendre, ne voulans les
ennemis sonder les harquebuziers des Catholiques,
qui estoient fort bien logez pour soustenir ceux qui
attaqueroient l'escarmouche. Les Catholiques aussi
ne se voulans trop hazarder dans la plaine, se retirerent, laissant le Sieur de la Chastre en cét endroit le
Sieur de Bois-Daulphin auec cinquante cheuaux
pour y commander, & auec charge de ne s'auancer
point plus auant qu'à la faueur des harquebuziers.

Le iour se haussoit, & pouuoit estre lors dix
heures du matin, que l'armee ennemie ayant at-
taint les premiers le passage de la riuiere, & voulant le Sieur de la Chastre congnoistre ce qui se
passoit de ce costé là, s'y achemina & trouua ces
sept cornettes de Reistres, dites cy dessus, auan-
cees vn peu plus pres de la ville qu'elles n'estoient
du commencement : A quoy ils auoient esté attirez
par quelques harquebuziers à cheual, qu'ils r'amenerent bien viste iusques aupres de certaines maisons où estoit le Sieur de la Chastre, qui fit vne petite charge, auec quinze lances qui estoient auec
luy, à quelque quarante Reistres desbandez, iufques dedans leur gros, qui s'auança & separa l'escarmouche : Et y eut quelques Reistres portez par
terre de coups de lances : L'vn par vn ieune Gentil-homme neueu dudit Sieur de la Chastre, nommé

Menou,qui ramena aussi son cheual blessé, comme furent plusieurs autres de coups de pistoles

Sur le midy suruint vne petite pluye qui dura iusques sur les quatre heures du soir,qui incommoda beaucoup l'armee ennemie,qui auoit desia presque la plus part passé: Et quelques vingt harquebuziers du Sieur de la Chastre,assistez de dix ou douze mousquets auoient fait retirer ces Reistres & quitter beaucoup de la plaine; mais se mettans lesdits harquebuziers plus auant qu'il ne leur estoit commandé,& transporté du contentement qu'ils receuoient de veoir retirer ainsi deuant eux ces sept cornettes,se trouuerent tellement aduancez que Monsieur de Chastillon , qui faisoit (comme dit a esté) la retraicte auec trois cens cheuaux-Fráçois & sept cornettes de Reistres& douze cens harquebuziers, venans à toute bride cauallerie & infáterie ensemble par vn vallon coupper entre la ville & les susdits harquebuziers, le chemin de leur retraicte leur estant osté , il en fut tué vingt-deux sur la place , & presque autant de prisonniers, & des ennemis cinq ou six seulement, dont il y auoit deux Capitaines dudit Sieur de Chastillon , & quelques cheuaux. Sur la queuë de l'armee il y auoit plus de mille á douze cens malades, abandonnez : quelques vns des plus sains, & qui firent mine de se deffendre, furent tuez, les autres laissez mourir d'eux mesmes , ou à la mercy des communes ; qui les traittoient comme lá fureur les poussoit, voyans, leurs biens perduz,mangez & consommez.

Ceste riuiere de Seine passee,les Huguenots commencerent à songer pour passer celle d'Yonne ,

& pour cét effect prindrent leur chemin vers Ancy
le Franc , où le fieur de la March , frere du Duc de
Bouillon deceda : Le Duc de Bouillon mefme , du
commencement du voyage ayant toufiours efté ma-
lade, ne f'en trouua pas mieux par la mort de fon frere ; celà fit qu'ils feiournerent là quelques iours :
Ioint que les eftrangers commencerent à fe fafcher
de ne voir ny le Roy de Nauarre, ny le Prince de
Condé, comme on leur auoit promis à la leuee mefme , & qu'ils viendroient les recueillir fur le bord
du Rhin : Et auffi peu leur fourniffoit-on l'argent
promis. Qui fit praticquer aux François qui les con-
duifoiét, nouuelles inuentiós & artifices pour toufiours les embarquer plus auant, & les attirer au deçà
de la riuiere d'Yonne : Qui ne fut fans grande difficulté, principalement du cofté des Suiffes, dont l'vn
des regimens tourna les enfeignes, pour rebrouffer
chemin : mais preffé de l'autre regiment , priez des
Reiftres, & par nouuelles obligations & promeffes
des François, qui les affeuroient que pour certain ils
trouueroient le Roy de Nauarre à la Charité, dont
le paffage leur eftoit tout affeuré, ils marcherent:
toutesfois auec grandes difficultez, comme fit auffi
le refte de l'armee droit à la riuiere d'Yonne.

Monfieur de Guyfe ce pendant r'affembloit fes
forces à fainct Florentin, où le fieur de la Chaftre
l'alla ioindre , auec celles qu'il auoit dans Chaftillon, hors mis ce qui eftoit de Môfieur du Mayenne,
qui repafferent dedans la Bourgongne, pour y conferuer les places , & coftoyoient les ennemis fur la
main gauche, comme Monfieur de Guyfe faifoit
fur la droicte , attendant le renforr que luy ame-
noient

noient M. ſſieurs ſes couſins d'Aumalle & d'Elbeuf,
& Monſieur de Briſſac, qu'il receut à Ioigny, ſur la
riuiere d'Yonne : qui eſtoient de treſ-belles trou-
pes, faiſans nombre de huict cens à mil cheuaux. De
Ioigny Monſieur de Guyſe ſ'achemina iuſques à
Auxerre, pour ſ'aboucher auec Monſieur du Mayē-
ne ſon frere, qui ſ'y trouua pour aduiſer enſemble
ce qu'ils auoient à faire : les ennemis ayans paſſez
la riuiere d'Yóne à Mailly la Ville & prins leur chemin droit à la Charité. Ayant Monſieur de Guyſe
reüny enſemble les forces de Meſſieurs du Mayenne: d'Aumalle, d'Elbeuf & de Briſſac, auec les ſien-
nes, pouuoient faire ſix mil harquebuziers & dix-
huict cens cheuaux : qui hauſſa tellement le cœur à
ces Princes, qu'ils ſe reſolurent d'approcher l'ennemy logé vers Bleſneau, à la faueur du pays couuert de bois & de toutes hayes fortes : qui apportoit grand aduantage à leur harquebuzerie, pour
tenter quelque choſe ſur le logis des ennemis : &
pour ce faire fut donné vn rendez-vous à toutes
les forces (qui n'auoient encores eſté incorporees
en corps) aupres de Charny, petite ville fermée, qui
fit difficulté de receuoir & loger ladite armee,
de laquelle ce iour là par tel accident, & pour faire
longue traicte, là plufpart ſe perdit : & ſe trouueret
les aucuns logez fort pres de leurs ennemis, ſans
qu'ils s'en apperceuſſent, ny les vns ny les autres
que bien tard, qui empeſcha qu'ils ne ſe couruſ-
ſent ſus.

Le Roy en ce temps là eſtoit ſur la riuiere de Loyre auec ſon armee, du coſté de Berry, pour empeſcher le paſſage à ceſte armee eſtrangere : comme il

H

fit s'oppofant non moins réfolument audit paffage,
que hardiment, n'ayant encores routes les forces
enfemble, comme l'on m'a fait entendre : Car ie ne
parle de ce que ie n'ay point veu, que par ouy dire :
Qui me gardera auffi de recercher & profonder
plus auant ce qui fe fit & paffa du cofté de l'armée
de fa Majefté : finon en ce qui feruira pour l'effect
de ce difcours. L'ó m'a affeuré que fa Majefté n'euft
fceu auoir plus de dix mil Suiffes, huict mil harquebuziers François & enuiron deux mil lances
de fes ordonnances. Les ennemis eftoient vn peu
plus forts d'infanterie, & des deux parts de cauallerie : Neantmoins la préfence de ce grand Roy en
perfonne, & fa refolution les eftonna, le voyant fi
refolument s'oppofer à leur paffage. A quoy i'ay appris que l'aduis & confeil du Duc de Neuers feroit
grandement, & auffi fa preuoyance & diligence à
faire des retranchemens dans les fables de la riuiere de Loire, & rompre les guez au mieux que l'on
pouuoit, contre l'efperance des eftrangers, qui iufques alors auoient efté entretenuz par les Huguenots en opinion que le Roy n'auroit defagreable
qu'ils ioigniffent le Roy de Nauarre, & qu'il ne leur
apporteroit aucun empefchement : dont ils fe trouuerent bien deceuz & eftonnez, & en firent grand
reproche à leurs códucteurs : Et mefmes de n'auoir
aucune nouuelle du Roy de Nauarre, & mois le paffage de la Charité à leur cómádemét, cóme l'on leur
auoit tát promis. Ioinct que depuis que ces Princes
Catholiques leur eftoient fur la queuë, ils leur ap-
portoient chacun iour des incommoditez tref-
grádes, & voyát leurs forces diminuer à veuë, tát par
maladies, que de pertes ordinaires qu'ils failoient

par les courses des Catholiques sur eux, qui auoiē, bien redoublé depuis que tous ces Princes Lorrains estoient ioincts ensemble, qui leur fit prendre resolution de cercher la Beausse & quitter le pays fort, & aussi pour viure commodément & grassement, attendans le Roy de Nauarre qui deuoit passer Loire à Montsoreau (comme l'on leur disoit) & aussi qu'vn Prince du sang deuoit venir receuoir ceste armee (comme vous verrez cy apres.) Monsieur de Guyse n'auoit point faute d'espions ny de bons aduis pour estre aduerty des desseins des ennemis: Il considera que le Roy estoit beaucoup eslongné de Paris, les ennemis prenans le chemin de la Beausse, se mettoient entre luy, & ledit Paris, qui estoit lors denué de toutes forces, qu'vne course de quatre, ou cinq mil cheuaux eust grandement estonné ceste grande ville, qui eust apporté non seulement dommage, mais tres-grand effroy, & non sans quelque courroux, & crierie contre les Princes Catholiques: qui leur fit prendre resolution de courir tousiours Paris. Et pour ce faire, Le vingt-quatriesme dudit mois d'Octobre, les ennemis s'estans allez loger à Chastillō sur Loin & és enuirons, Mōsieur de Guyse & son armee s'en alla à Courtenay, pour gagner la riuiere de Loin, affin de s'en seruir & garder le dessus du vent pour Paris.

Et le Lūdy vingt-sixiesme dudit mois les ennemis marcherent & passerent entre Montargis & Gien pour se ietter en la Beausse. Le pays d'être Gien & Montargis est vn destroict de huict ou neuf lieuës assez couuert & plain de bois. Le Roy estant lors à Gien auec son armee, à laquelle les Hugue-

nots estoient contraincts de faire vne bonne teste,
iettans leurs François de ce costé là, qui pour estre
peu ne pouuoient les couurir par tant d'endroits:
Monsieur de Guyse sçachât à point nommé leur dessein, & comme ils venoiēt le lendemain loger à deux
lieuës, au plus loing de Montargis, resolut auec ses
forces, estimât en auoir assez, d'attaquer l'arriere garde des ennemis qu'il pésoit, selon leur ordre de marcher, estre d'vn regimēt de Suisses, ou de leurs Lansquenets, & de sept cornettes de Reistres: & fut mis
ordre à la mesme heure de donner le rendez-vous
pour le lendemain vingt-sixiesme d'Octobre, aux
faux-bourgs de Montargis.

Le sieur de la Chastre partit de Courtenay dés la
minuict, pour aller deuant audit Montargis, distant
de sept bonnes lieuës dudit Courtenay, & y arriua
sur les sept heures du matin & fit incontinēt fermer
les portes de la ville, sans laisser sortir aucun qui
peust donner aduis aux ennemis: & despescha quelques vns des siens pour aller prendre langue desdits
ennemis, d'où ils retourneret sur le midy, & rapporterent auoir veu marcher l'armee ennemie, & qu'elle ne passoit qu'à vne bonne lieuë & demie dudit
Montargis. A la mesme heure de midy ledit Sieur
Duc de Guyse arriua & partie de son infanterie:
mais l'autre partie fut longuement à venir, beaucoup de la caualerie ne peut arriuer que bien tard,
qui fut cause de rompre la premiere deliberation
de donner sur l'arrieregarde des ennemis: Et repeut-
on legerement aux plus prochains villages & dans
le faux-bourg. Et sur les quatre ou cinq heures
le sieur d'Escluzeaux qui auoit eu charge de recon-

gnoiſtre où lesennemis ſe logeroient, rapporta qu'il
les auoit veu loger : à ſauoir ſept ou huict cornettes
de Reiſtres en vn village nommé Villemory,ce qui
eſtoit bien vray : mais ce n'eſtoient que les premiers
arriuez, car les autres quatorze cornettes y logerent
& encores toute leur caualerie & Infanterie Françoiſe à Ladon , vne lieuë par delà, & leurs Suiſſes &
Laſquenets en deux autresvillages à vne autre lieuë,
ſe ſerrans ainſi pour ce iour là,ſe voyans en ce de-
ſtroit entre l'armee du Roy & celle de Monſieur de
Guyſe : mais pour cela ils ne ſe couurirent pas d'vne
rude touche.

Sur le rapport dudit d'Eſcluzeaux il fut deliberé
& reſolu d'enleuer ce logis de Villemory , où l'on
eſtimoit n'y auoir que ſept cornettes de Reiſtres :
& fit on paſſer l'Infanterie par dedans la ville de
Montargis,demie heure deuant la minuict fermee,
qui fit Alte en vne pleine à demie lieuë de la ville,
attendant le reſte des forces qui arriuoient à la file :
mais non toutes ; car de dix-huict cens cheuaux
qu'auoit lors ledit ſieur Duc de Guyſe,ſept ou huict
cens pour n'eſtre pas aduertis , ou pour auoir perdu
leur chemin , ne s'y peurent trouuer: Et apres les
auoir attendu iuſques ſur les ſept ou huict heures
pour ne perdre d'auantage de temps l'on commença
à marcher en ceſte forme.

Monſieur du Mayenne auec trois cens cheuaux
menoit la teſte,ſouſtenu de Monſieur d'Elbeuf,auec
deux cens cheuaux : Monſieur de Guyſe marchoit
apres qui pouuoit auoir autres trois cens cheuaux,
& ſur la main droicte, Monſieur d'Aumalle auec

pareil nombre. L'infanterie estoit diuisee en trois
trouppes : S. Paul menoit la premiere, ioinct auec
luy Ioánes, Gyé & Bouc faisoiét mil harquebuziers
sur la main droite: d'Escluzeaux, qui pouuoit auoir
huict cens harquebuziers sur la main gauche: Che-
uriers & Pontsenac, auec pareil nombre. Et en ceste
sorte les Catholiques marcherét fort deliberez par
vne grande plaine. Il faisoir vne nuict si obscure
qu'on ne se pouuoit recongnoistre. Monsieur du
Mayéne estát aduerty par les guides qu'il estoit proche du village de Vilmory, fit donner iusques sur
le bord quatre cheuaux, qui ne trouuerét ny guet ny
garde, à quoy l'on ne s'attendoit pas: Et pour ne perdre si belle occasion, ledit Sieur du Mayenne ayant
aduerty les Maistres de camp & Capitaines de gés
de pied de bien faire leur deuoir, leur laisse l'entree
du village, & se met hors des hayes sur la main gauche, les costoyans tousiours. Il faut noter que ce village de Vilmory est fort escarté, & long d'vne demie lieuë : qui donna loisir & commodité à ceux
qui estoient logez plus loing, de monter à cheual,
comme vous entendrez.

Les Catholiques donc entrez dans le village eurent plustost tué quantité d'hommes, que l'on n'eust
demádé qui va là, & de tout ce qui se trouua à ceste
premiere aduenue, peu eschappérét le fer, le feu ou
la prison : & dura telle execution vne bóne demie
heure, iusques à ce que le Baron de Dothna, estant à
cheual, rallia six ou sept cornettes enséble, & fit mine de dóner dans la ruë du village parmy les gés de
pied, qui alloient tousiours executant de logis en
logis, y métrant le feu, pour en tirer ceux qui se ca-

choient.Quelque rumeur fe mit lors parmy cefte
infanterie,qui en tel cas a couftume de crier: cauallerie,cauallerie;ce qu'ils firent plufieurs fois : A
quoy accourut auffi toft Môfieur du Mayéne, qui
pour l'ardeur de combatre & de conferuer la victoire qu'il fevoyoit en la main,ne dôna point d'aduis à Môfieur fon frere,qu'il s'auáçaft,ny aux trou-
pes ordonnees pour le fouftenir: De mode qu'il fe
trouua peu accôpagné pour l'obfcurité de la nuict,
la plufpart de fa trouppe l'ayant perdu.Et eftoit lors
fi proche des ennemis,qu'il n'y auoit qu'vne haye
entre deux. Il fut recongnu d'vn truchemari, qui
dift au Baron de Dothna, voilà le Duc du Mayenne fur ce cheual blanc,ie le recongnois bien à fon
port,& à fa parolle:Car lors ledit Sieur Duc en-
courageoit fes gens de pied,les affeurant par fa prefence & exhortation.Ledit Baron de Dothna fe refolut lors voyant Monfieur du mayenne à la faueur
des feux fort mal accompagné,de le charger: il ne
fit que la moitié du chemin: Car ledit Sieur Duc
d'vne merueilleufe hardieffe & refolution s'auançant de fon cofté,n'ayant qu'enuiron foixante cheuaux donna dedans ce hot de fept cornettes, qu'il
perça de part à autre,ayant receu vn coup de piftole
dans le menton de fon habillement de tefte,de la
main dudit Baron de Dothna: qui pour contr'ef-
change remporta vn coup d'efpee dudit Sieur
Duc fur la tefte , qu'il n'auoit point conuerte,
& luy en defconfit vn bon empant : Ledit
Sieur Duc perdit à cette charge feize ou
dix-fept Gentils-hommes, qui furent tuez,la plufpart à caufe d'vne grãde foffe,non recógneue pour

l'obſcurité de la nuict : Et celuy qui portoit ſa cornette y fut tué, & la cornette prinſe par les Reiſtres
qui en ceſte charge nocturne perdirét trois des leurs
mais elles furét bruſlees dans les logis : & huict cés
mil hommes morts ou prins & enuiron douze cens
cheuaux.

Ces Princes apres auoir publiquement loüé &
remercié Dieu en la principale Egliſe de Montargis, & fait ſoigneuſement traicter & penſer leurs
bleſſez, tindrent cóſeil de-ce qu'ils auoient à faire. Le
lendemain ie fus ſur le lieu (cóme les autres) voir ce
qui eſtoit aduenu, où ie vy pluſieurs hómes morts
& bien ſix vingts chariots abandonnez. Ce qu'ils
plaignoient le plus, eſtoit deux Chameaux, que l'on
diſoit eſtre deſtinez à voſtre Maieſté, & à elle enuoyez par Cazimir. Le Baron Dothna y perdit
auſſi ſes Attabales, qui eſt la plus grande marque de
dignité qu'aye vn General de Reiſtres. Ce fut le
commencement de la ruine de l'armee eſtrangere,
qui alla touſiours diminuant : Car tát ſen faut qu'ils
ſe rendiſſent plus ſages & aduiſez par leur perte,
qu'ils donnerent encores plus belles occaſions à
leurs ennemis de faire des entrepriſes ſur eux, commençans ouuertement à ſe plaindre des François,
diſans qu'ils les menoyent à la boucherie, les logeás
mal : de ſorte qu'ils voulurent dés lors faire à leur
fantaſie. Ce qui fit que les Huguenots François auſſi commencerent à les redouter & s'eſloignet
d'eux. Peu de iours apres il leur fut dreſſé vn autre
piege, qui cuida ruiner Monſieur de Chaſtillon
& leurs principaux François, & l'occaſion fut
telle.

Il y

Il y auoit quelque temps qu'vn Gentil-homme
Catholique de Normandie, pour auoir cômis quelque faute conduifant des gens de pied, eſtant pour-
ſuiuy de la Iuſtice, ayant partie grande & forte, de
peur d'eſtre prins & atttappé ſ'eſtoit retiré vers le
Roy de Nauarre, qui le receut & traitta bien & fa-
uorablement: Et au commencement de ceſte guerre fut incité de luy (comme il diſoit) de ſen venir
trouuer Monſieur de Guyſe & prédre charge ſoubs
luy, cherchât les occaſions de faire quelque bon &
ſignalé ſeruice audit Sieur Roy de Nauarre, quand
il en auroit le moyen. Et de fait il auoit lettres &
chiffres du Roy de Nauarre & ſi bonne intelligence
dans ſon armée eſtrangere, meſme auec Guitry, qu'à
toutes heures il auoit lettres de luy, alloit & venoit,
ou enuoyoit parmy eux, cômme bon luy ſembloit,
& apres retournoit prés de Monſieur de Guyſe, auquel il ſ'eſtoit deſcouuert, traittant doublement
ſon intelligence. Eſtant vn ſoir fort preſſé des principaux François de l'armée Huguenote de faire
quelque ſeruice & de leur donner moyen de ſur-
prendre quelque ville pour leur retraitte. Il ſembla que le Chaſteau de Montargis eſtoit propre à
cela, & qu'il valoit bien la peine de ſ'y hazarder.
Ce Gentil-homme ſ'appelloit Eſpau. Il fut laiſſé
deux iours apres ceſte charge de Vilmory dâs Montargis, auec cinquante hommes choiſis pour la garde du Chaſteau, qu'il feignoit eſtre à luy, & d'en
eſtre Capitaine: dont il aduertit Monſieur de Chaſtillon & Guitry, qui bien toſt mordirent à ceſte
pomme, & enuoyerent vn Capitaine recôgnoi-
ſtre ſ'il y auoit apparence à ce qu'il diſoit. Il trou-

ua ledit Efpau dans le Chafteau, auec cinquante ou foixante foldats feulement qui paruffent, demoura tout le iour leans, vifita & recongneut la place, & fe côtentât dudit Efpau s'en retourna, plein d'efperance, faire fon rapport: lequel ouy, iour eft prins au lendemain dont Monfieur de Guyfe fut aduerty, qui renforça le Chafteau d'hommes: Monfieur de Vins y eft enuoyé, & Monfieur le Cheualier d'Aumalle mefme s'y trouua à la defrobee, feignant d'aller à Paris: Comme fit auffi le Sieur de Bois-Daulphin: & fe trouuerent bien là dedans cent Gentils-hommes, & deux cens des meilleurs foldats qui fuffent en l'armee de Môfieur de Guyfe. Le fieur d'Efcluzeaux feignoit d'eftre Lieutenât dudit Efpau, qui ioua tref-bien fon perfonnage. La brefueté du têps ne leur permit de faire vne herfe, & fe feruirent d'vne myne en terre à l'entree d'vne tour, où il y a vne faulfe porte qui entre par le iardin par vn petit pont, qui n'a rien de commun à la ville, qui eftoit le lieu deftiné par où les Huguenots fe deuoient rendre maiftres de cefte place.

Le dernier iour du mois d'Octobre Monfieur de Chaftillon, auec trois cornettes de Reiftres, deux cens cuiraffes & enuiron mil harquebuziers s'acheminâ à vn traict d'arc du chafteau de Môtargis, & enuoya deuant quelques vns recôgnoiftre quel il y faifoit: qui trouuerent à la faulfe porte ledit Efpau & fon Lieutenant d'Efcluzeaux: ces premiers eftoient feulement quatre ou cinq, qui demanderent à entrer & vifiter la place, qui leur fut librement accordé, & ne trouuerent que les cinquante ou foixante hômes qui difoiét eftre de la garnifô. Apres la visitation, ils ressortent pour aller trouuer Monsieur de Chastillon & luy faire rapport de ce qu'ils auoient trouué. Tost apres Rebours arriua, auec cinquante ou soixante hommes choisis, qui fut receu & mis dans le Chasteau, auec toute ceste trouppe. Il demanda d'auoir les clefs des portes qui entroient dedans la ville & que l'on laissast le corps de garde libre, retirant les soldats qui y estoient: Ce qui leur fut accordé. Apres ils dirent qu'on fit tourner la bouche à deux couleurines qui estoient bracqueesà la porte paroù ils entroiét, qui fut ce quileur dóna plus de soupçó. Il entroit tousiours quelqu'vn, & pour vn coup y en entra cét, ou six vings. Ledit Espau & d'Escluzeaux iouerét tres-bien leur ieu, hastãt tant qu'ils pouuoiét l'entree de Mõsieur de Chastillon : car l'on n'attendoit que cestuy-là, pour mettre le feu (comme l'on dit) à la mine. Rebours asseura qu'il n'auoit pas lóg chemin à faire, car il n'estoit que sur le bord du pont & vouloit à toutes forces y entrer : mais retenu de sa bonne fortune & destinee, & de plusieurs qui y contrarioient ; Il renuoya encores demander que l'on auoit fait du Sieur de Bourron, Capitaine du Chasteau, qu'il desiroit l'auoir, & auant qu'entrer parler à Espau : qui ne fit aucune difficulté de sortir, esperant que comme il les auoit amenez si pres par ses parolles, qu'il leur feroit encores franchir le fossé : Mais il se trouua autrement: Car il fut retenu & renuoya ledit Sieur de Chastillon prier que l'on luy enuoyast le Sieur de Bourron, Gouuerneur de ladicte place, que d'Escluzeaux feignoit auoir mis prisonnier. Le mal fut que quelqu'vn de ces Huguenot

I ij

furetant par le Chasteau, le veit tout armé dans vne chambre, bien accompagné & prest à sortir, quand le signal l'aduertiroit. Celà courut parmy eux de main en main, de sorte que la plus grande part se coula & retira sans bruit:Ce qu'apperceuás les Catholiques, donnerent feu à la trainee de poudre & plusieurs artifices : dont quelques quarante qui se trouuerent de reste, furent mis en pieces & bruslez, desquels y en auoit cinq ou six Capitaines, & le reste tous soldats signalez. Espau demeura és mains dudit Sieur de Chastillon, qui le liura aux Reistres, qui d'heure à autre attendoient d'en faire vn cruel supplice, le menant enferré au cul de leurs chariots: mais Dieu l'a reserué à autre effect, luy ayant donné moyen de se sauuer & eschapper de leurs mains.

Ils battoient ce pendant de leur artillerie vne petite ville appellee Chasteau-landõ, l'espace de trois iours, sans y pouuoir faire bresche où il peust entrer plus de deux hommes de front. Si les habitans de ladite ville eussent voulu receuoir deux cens hommes que leur enuoya le Sieur de la Chastre, iamais ils ne l'eussent prinse, car au bout desdits trois iours vn nommé Capitaine l'Amour, que les habitans auoiét receu auec vingt hômes seulemét, fit la composition de la vie sauue. Pendát le siege de ceste petite place, l'armee dudit sieur de Guyse estoit logee depuis Nemours iusques à Montargis, le long de la riuiere de Loin, qui seruoit seulement de barriere à ces deux armees, encores qu'elle se guee entre ces deux villes, pour le moins en vne douzaine de lieux & à la plus part des guez y a villages, que la riuiere

separe. Les Huguenots logerent en la partie de leur
costé, & les Catholiques a celle qui estoit du leur:
Et pouuez penser, que ce n'estoit sans estre soi-
gneux de faire bonne garde: Ce qui harassa tant les
deux parties, que chacun fut bien aise se tenir plus
esloigné pour se raffraichir & refaire vn peu la cauallerie, qui en auoit tres-grand besoing: principalement celle de Monsieur de Guyse, qui patissoit
beaucoup plus que celle des ennemis, pour estre
moindre & plus chargee des factions de la guerre.

Le trois ou quatriesme de Nouembre l'armee des
Huguenots partit de Chasteau-landon & marcha
en plaine Beausse vers les bois Maleserbes. Monsieur de Guyse au mesme temps partit aussi de Nemours & alla loger à Montereau, qui estoit du tout
s'esloigner des Huguenots & leur tourner le cul, ce
qui rapporta occasió à ses ennemis de le calomnier,
chacun discourant à sa fantasie de ceste retraitte.
Et comme i'ay apprins, le Roy mesme n'en pouuoit
iuger les causes: il enuoya le sieur de Dinteuille vers
Monsieur de Guyse pour s'en esclarcir, & aussi pour
le semondre de se ioindre au plustost auec sa Majesté, afin que ses forces vnies ensemble, par vn
combat entier l'on peust mettre fin à ceste guerre,&
aux cruautez que faisoient sur le peuple de France
ces estrangers à quinze lieuës de Paris.

Monsieur de Guyse fit responce au Roy qu'il ai-
meroit mieux estre mort mille fois que sa Majesté
se fust presentee en vne bataille qu'il ne fust deuant
luy, pour luy rendre preuue de sa fidelité & le faire
iuge de quelle affection il s'opposeroit en sa presence à la conseruation de sa religion, de sa person-

ne & de son estat: Que la cause de sa retraicte à
Môtereau estoit qu'il auoit reculé pour mieux sauter: Et aussi pour rafraischir vn peu sa cauallerie, fort
harassee, & qu'il luy falloit sept ou huict iours
pour la remettre: Que dans la Beausse il n'y auoit ny
riuiere ny bois dont il se peust seruir, ny fauoriser sa
petite trouppe, s'approchant des ennemis, qui ne
desiroient rien tant (comme il estoit bien aduerty
par bons espions & gens qu'il auoit parmy eux)
que de l'inuestir dans vn logis, & apres auec toute leur armee le venir forcer ou contraindre de
faire vne honteuse retraicte. Cesté volonté & affection leur estant de beaucoup accreuë depuis la
charge qu'il leur auoit faicte à Vilmory, que d'ailleurs son frere Môsieur le Duc du Mayéne auoit eu
plusieurs aduis, des menees & pratiques qui se faisoiét dans son gouuernemét: & que Môsieur d'Aumalle, pour certaines particuliaritez ne se pouuoit
pas ioindre en l'armee du Roy, dont sa Majesté
sçauoit les causes: Que ayant pourueu à toutes
ces choses, il ne faudroit de se rendre au pluftost
pres sa Majesté. Et remporta ledit Sieur de Dinteuille ceste responce; & se passerent ainsi huict ou
dix iours, pendant lesquels ces Princes delibererét
ensemble: & fut resolu que Monsieur du Mayenne retourneroit en son Gouuernemét, auec partie
de ses trouppes pour la seureté d'iceluy, & rompre
les praticques qui s'y faisoient: Que Môsieur d'Aumalle se retireroit chez luy, laiffát de ses forces autant qu'il pourroit aupres Monsieur de Guyse: ce qui
fut executé, comme il auoit esté arresté.

Le dix-sept ou dix-huictiesme du mois de No-

uembre, Môsieur de Guyse arriua à Estápes, & (Messieurs du Mayéne & d'Aumalle separez d'auec luy)
pouuoitauoit encores douze cens lances & trois
ou quatre mil harquebuziers. Il apprint audit lieu
d'Estápes, que l'armee ennemie s'estoit logee assez
au large, & escartee, qui à trois lieuës les vns des autres, qui à quatre & cinq. Pour ne perdre poît de téps
dés le lédemain il enuoya le Sieur de la Chastre recognoistre le logis des ennemis d'vn costé, & le Sieur
de S. Paul de l'autre, l'vn & l'autre donnerét en
deux petites villes: sçauoir le Sieur de la Chastre à
Othon, où y auoit logé sept ou huict cornettes de
Reistres, & en r'apporta bon tesmoignage, tât par la
cognoissance quil en fit, que par des prisonniers qui
furent amenez: S. Paul aussi donna dans vne autre
petite ville pres & par de là Guillerual, où estoient
logez les Suisses, dont aussi il ramena des prisonniers. Fut mis en côseil sur le rapport des Capitaines susnômés, si on dôneroit la nuict en l'vn desdits
logis & fut trouué plus à propos celuy d'Othô, ou
estoiét logez les Reistres, lieu fermé, qui sébloit bié
deuoit rédre le côbat pl' surieux: mais aussi le meur
tre des ennemis plus grand, si l'on pouuoit trouuer
moyen d'y entrer: ce que l'on pretédoit faire par le
moyén d'vn petart, ou deux, & fut la chose ainsi
resoluë pour le lédemain; mais il arriua qu'ils deslo-
gerent ce mesme iour, s'auançás plus auant dans la
Beausse, du costé de Chartres. Monsieur de Guyse
neantmoins ne perdoit l'affection ny l'esperance
d'executer quelque grand fait, auant que ioindre le
Roy, qui l'en pressoit, & lequel estoit desia à Bonne-
ual, à la teste des ennemis en plaine Beausse, sans

chose aucune qui peuſt apporter empeſchemēt aux
armées de ſe voir & choquer, quand l'vne des deux
parties en auroit la volonté : qui apportoit vn eſ-
guillon tant plus grand à ce Prince, de ſe hazarder à
bon eſcient, pluſtoſt que d'approcher le Roy, qu'il
n'euſt tenté la fortune dōt Dieu luy donna bien toſt
l'occaſion : Et pour entreprendre ce qu'il auoit de
long temps dans la teſte, qui eſtoit de donner auecques toutes ſes forces en vn logis des ennemis; & en
meſme temps gagner leur place de bataille; eſti-
mant que l'ayant gagnee il apportetoit vn grand
eſtonnement à leur armée, & non moindre perte &
dommage à ceux qui viendroient en file & deſordre, deſbandez, comme l'on fait ordinairement aux
chaudes alarmes. Et auoit touſiours dès le premier
iour qu'il veit les ennemis eu ceſte fantaſie (comme
vous auez veu par ce diſcours) iuſques à ce qu'il en
euſt tenté l'effect pres Leninuille, ils ne fuſſent deſlogez: & de rechef communiqua audit Sieur de la
Chaſtre ceſte meſme choſe: lequel il enuoya à Dourdan congnoiſtre ſi ce lieu ſeroit propre & commode pour approcher auec ſeureté les ennemis: & auſſi
faire recongnoiſtre comme ils ſeroient logez, & les
moyens de pouuoir entreprendre ſur eux & executer le deſſein cy deſſus declaré.

À la verité les effects de Dieu ſont admirables,
pouuant quand il luy plaiſt d'vn clin d'œil ruiner &
foudroyer les plus ſuperbes choſes du monde (ainſi
qu'il apparoiſtra par ce diſcours) adiouſtant aux volontez de ce Prince toutes les commoditez, & faci-
litez qu'il euſt peu deſirer, pour ſa gloire & la ruine
de ceſte armee eſtrangere: oſtant à ſes ennemis l'en-
tendement

tendement de se seruir des moyens qu'ils auoient de
se pouuoir garantir.

Le Ieudy dix-neufiesme Nouembre le Sieur de la
Chastre laissant Monsieur de Guyse à Estampes, arriua à Dourdan, auec enuiron trois cens lances &
cinq ou six cens harquebuziers à cheual : & apprint
à son arriuee qu'il ne falloit pas faire long chemin
pour auoir nouuelle des ennemis, qui n'estoient logez les vns qu'à deux petites lieuës de là, & les autres
à Auneau, deux lieuës plus outre, & au delà tirant à
Chartres. Il y ennoya le Sieur de Vins, qui commandoit la cauallerie legere, loger à vne lieuë & demie
sur le chemin d'Auneau, & les harquebuziers à cheual aussi : luy demeure auec le reste dans Dourdan,
qui est vne petite ville de trois cens feux, fermee de
muraille de six ou sept pieds de haut, sans fossez ny
pont-leuiz aux portes. Elle est couuerte du costé dudit Auneau de quelques bois taillis, qui approchent
iusques aupres de la ville, & y passe vn petit ruisseau
que l'on peut sauter ou eniamber aisément, qui cou-
le le long d'vne vallee fort plantee de Peuples, Aul-
nes, Saules & autres arbres désirans le marest, qui
se rendent iusques vers Olinuille & Chastre soubs
Mont-l'hery, qui estoit la plus grande commodité
qui se trouuoit en ce lieu, pour y loger l'armee Catholique : d'autant que leur harquebuzerie estoit
meilleure & plus forte que celle des Huguenots,
elle pourroit estant chargee par les ennemis faire sa
retraitte par ce vallon : Ledit Sieur de Vins enuoyé,
comme dit est, en son logis, y trouua quâtité de Reistres qui le fourrageoiét, & arriua presque aussi tost
sur eux cóme ils l'eurét apperceu : qui les mit en des-

K

ordre & fuite, les vns furent tuez, les autres prins;
ceux qui eschappérent donnerent l'alarme chaude
à sept cornettes de Reistres logez à Aunay soubs
Auneau, lesquels aussi tost à cheual, marcherét iusques au logis dudit sieur de Vins, qui auoit bonnes
vedetes en la plaine: desquelles ayant esté aduerty,
il monte à cheual & enuoye incontinent faire sçauoir à ses harquebuziers à cheual, & les fait approcher de luy, se tenant en bataille deuant son village,
proche des bois de Dourdan, & ses harquebuziers
sur le bord du bois, faisans si bonne mine que ces
sept cornettes ne les oserent enfoncer ny approcher
de deux harquebuzades (qui est la chose du monde
qu'ils craignét & redoutent le plus:) Ayans demeuré ainsi quelques heures en bataille les vns deuant
les autres, lesdits Reistres sonnerent leur retraitte
& la firent quant & quant. Et ledit Sieur de Vins se
logea au mesme village auec ses harquebuziers à
cheual, si serrez, qu'il estima s'y pouuoir tenir seu-
rement auec bóne garde: & donna aduis du tout audit sieur de la Chastre, & de ce qu'il auoit apprins
des prisonniers, & luy enuoya la liste des logis que
tenoient les ennemis: & entre autres comme le Baron de Dothna estoit logé dans le Bourg d'Auneau,
sans auoir le Chasteau à sa deuotion: duquel ie vous
veux descrire l'assiette, pour ce qu'elle sert à la suite
de ce discours. Et vous diray que c'est vn tres-beau
& fort Chasteau, assis dans la Beausse, qui a d'vn des
costez vn grád estág, dont la chaussee dóne iusques
à l'vne des portes du bourg, qui est fermé de petites
murailles, sans fossé qui vaille, ny pót-leuiz aux portes: cest estang fait par son cours vn petit ruisseau,

planté par les riues de toutes fortes d'arbres qui aiment la moiteur, & ne fe rend pas gueable par tout:
& où il y a paffage, ce font moulins & villages que
les Huguenots tenoient lors à plus de deux lieuës au
deffoubs : A vne des queuës dudit eftang (qui eft
grand)il y a vne chauffée qui trauerfe tout le mareft
& fe vient rendre dans vn petit bois , qui eft la garenne du Chafteau, à l'endroit d'vne porte d'iceluy,
pour l'aifance dudit lieu.

Côme le Barô de Dothna arriua audit logis d'Auneau,il y eut de fes Reiftres, qui donnerent iufques
fur la porte de la baffe-court (qui eft entre le bourg
& le Chafteau) affez grande & fpatieufe , & où les
habitans dudit bourg anoient retiré la plus part de
leur beftial, que ces Reiftres defiroient auoir , &
d'arriuee donnerent iufques à la porte, dont à coups
d'harquebuze ils furent rechaffez & tuez deux ou
trois fur la place:qui dôna occafió au Barô de Dothna d'enuoyer vn trôpette & truchemâ parler au Capitaine du Chafteau, auec menaces, que fi l'on tiroit
plus qu'il bruleroit tout,& mefmes enuoyeroit querir l'artillerie pour battre ledit Chafteau:A quoy ledit Capitaine fit refponfe, qu'il ne craignoit point
l'artillerie des Huguenots, côgnoiffant fa place fuf-
fifante pour fe conferuer, & que fi l'on s'approchoit
de la baffe-court, ou du Chafteau, qu'il n'efpargne-
roit fa poudre pour les en repouffer: & n'y eut autre
traicté (quoy que veulent dire ceux qui defirét couurir leur faute par vne fimulee paction)que celuy là.

Le Sieur de la Chaftre ayant apprins tout ce
que luy auoit mandé Monfieur de Vins , & apres
auoir defpefché le Capitaine fainct Eftienne vers

K ij

le Capitaine du Chasteau d'Auneau (pour ce qu'ils auoient cognoissance ensemble) afin de l'admonnester de faire ce bon seruice au Roy & à la France, que de dôner entree par sa place aux forces de Monsieur de Guyse, pour tailler en pieces ces Reistres, auec plusieurs promesses, que l'on n'oublie en telles choses: enuoya aussi ledit Sieur de la Chastre la nuict mesme du Ieudy, vn Gentil-homme vers Monsieur de Guyse, luy porter aduis de tout ; & luy mandoit que le logis de Dourdã estoit peu asseuré & de mauuaise garde : mais qu'il se pouuoit seruir de ceste retraitte cy dessus dite, en cas de necessité : que les ennemis estans proches (comme ils estoient) il luy sembloit pour plus de seureté & pour moins d'embarassement s'il luy plaisoit de laisser les enseignes de gens de pied & tous les bagages entierement à Estampes, & marcher le lendemain, qui estoit le Vendredy vingt-cinquiesme dudit mois, audit lieu de Dourdan, il trouueroit sur le midy la response du Capitaine d'Auneau, & aussi le rapport de plusieurs qu'il auoit enuoyez dehors, pour apres auoir repeu, entreprédre la nuict mesme ce qu'il iugeroit à propos. Ledit Sieur de Guyse trouua bonne ceste opinion ; & renuoyant le mesme Gentil-homme vers ledit Sieur de la Chastre, l'asseura qu'il seroit le lendemain à midy à Dourdan, comme il fut: Et y arriua ledit iour du Vendredy vingtiesme dudit mois de Nouembre, auec deux mil cinq cés harquebuziers, cinq cens corselets, de mil à douze cens cheuaux, sans bagage quelconque. Et ayant attendu S. Estienne, auec la response dudit Capitaine d'Auneau, iusques à vne heure apres midy, l'on iugea bien qu'il

eſtoit retenu par quelque accident. L'on euuoya loger bien ſerree la cauallerie, au derriere aux villages
plus proches, & toute l'infanterie dans quelques
maiſons, aux faulx-bourgs dudit Dourdan, attendant ledit Capitaine Sainct Eſtienne, qui n'arriua
que ſur les huict heures du ſoir, diſant auoir eſté re-
mis dans le Chaſteau d'Auneau par pluſieurs fois,
eſtant la plaine toute ſemee de Reiſtres, tant pour
fourrager que pour courir apres noz cheuaux legers
qui d'heure à autre les tenoient en alarme : Et rapporta la bonne volonté dudit Capitaine d'Auneau,
qui promettoit receuoir tout ce qu'il plairoit à Môſieur de Guyſe y enuoyer: Aſſeurans qu'il faiſoit bon
donner à ces gens là, qui ſe tenoient mal ſur leurs
gardes. L'heure ſembla incommode eſtant nuict, &
ja tard, pour auertir la cauallerie logee à deux lieuës
de là, la plus part; & qu'il valoit mieux la remettre
au lendemain, ce qui fuſt ainſi executé. Et le Samedy
l'on donna vn rendez-vous à toutes les compagnies
tant de pied que de cheual, à vne cenſe qui eſt à my
chemin de Dourdan à Auneau, dans le milieu de la
plaine, appellee la Cenſe de Vileré, où rien ne man-
qua de ſe trouuer, chacun deliberé de bien faire:
meſme l'infanterie, laquelle ſe deſpouilla en la belle plaine (bien qu'il fiſt fort froid) pour mettre les
piquiers leurs chemiſes ſur leurs corſelets, & les
harquebuziers ſur leurs pourpoints.

Deux Gentils-hommes du pays, l'vn nommé Buc,
& l'autre le Bays auoient eſté enuoyez vers le Capitaine d'Auneau dés le Vendredy, pour le tenir aduerty que ſans faillir l'on iroit le lendemain, &
qu'il ſe preparaſt à la reception: leſquels arriue ent

à la mesme heure(qui pouuoit estre minuict)& rapporterent que plusieurs Gentils-hommes retirez
auec leurs femmes, familles & biens dans ledit
Chasteau, pour leur seureté & conseruation, crai-
gnoient, que receuant tant de forces dans ledit
Chasteau, il leur en prinst mal, & qu'ils supplioient
Monsieur de Guyse se contenter de la basse-court
seulement, qui seroit liuree, & dans laquelle l'on
pouuoit entrer, sans se seruir du Chasteau : duquel
toutesfois l'on receuroit toute faueur, & en cas de
necessité l'ouuerture. Il arriua d'ailleurs vn paysant,
de deux qui auoient esté enuoyez au Chasteau vers
le Capitaine, qui rapporta comme son compagnon
auoit esté prins dans la garenne, chargé de lettres
dudit Capitaine, responsiues à celles qu'ils auoient
portees ; que luy s'estoit sauué comme il auoit peu,
& qu'il y auoit garde dans ladite garenne : qui
troubla fort Monsieur de Guyse; de sorte que toutes
ces difficultez rompirent l'entreprinse, pour ce qu'il
fut allegué, qu'estans descouuerts, il n'y auoit point
de doute (le iugeant par la raison & deuoir de la
guerre) que les Reistres ne fussent à cheual, & mesme le reste de l'armee aduertie : que le pays estoit
pleine raze, tres-aduantageuse & commode aux
Reistres : que quand bien ils ne s'auanceroient plus
auant que la teste de leur logis, faisans approcher
(comme ils pouuoient) leurs Lansquenets, logez à
demie lieuë d'eux, dàs ceste garenne, & sur la chaus-
fee de ceste aduenue du Chasteau, par où il falloit
passer, le iour venant à poindre, & ayàt quatre lieuës
de retraitte en plaine, ou l'infanterie estoit perdue,
ou il falloit hazarder vn combat pour la retirer, dót

l'yſſuë ne ſe pouuoit promettre bône, quâd biê il ne
ſe trouueroit difficulté qu'au côbat du logis, où il y
auoit autât ou plus d'hommes à la deffenſe, que d'aſ-
ſaillans, & ſ'il y auoit tant ſoit peu de reſiſtance, qui
donnaſt loiſir aux plus proches de venir au ſecours,
ſi.les Catholiques n'auoiêt aſſeurance du Chaſteau,
à la verité il les falloit tenir pour perduz: & meſmes
que les ſoldats, ſans telle aſſeurance, n'iroient au
combat qu'en crainte & frayeur. Ces dâgers & conſiderations firent prédre deliberation de ſe retirer,
au grâd regret du General & de toute la trouppe: &
meſmes de l'infanterie, que l'on renuoya à peine au
logis. Et dans le Chaſteau d'Auneau furét de rechef
enuoyez les meſmes du Bays & Buc, auec deux Gentils-hommes de Môſieur de Guyſe, pour faire ceſſer
ces difficultez, & faire en ſorte q̃ le Capitaine vint
parler audit Sieur Duc. Et pour ne perdre l'occaſion
de quelque autre exploict, eſtant porté & acheminé
ſi auant, Monſieur de Guyſe laiſſa dans ladite ferme en embuſcade ledit Sieur de la Chaſtre, auec cêt
cinquante lances d'ordonnâces de ſa compagnie, de
celles de Meſſieurs de Vaudemont & de Bois Daul-
phin, & autre cent cinquante lances de cheuaux
legers. Ledit Sieur de Guyſe demeura en vn autre
village à mil pas de là, nommé le Breau ſans nappe,
auec enuiron ſix cens cheuaux, auançant à autre mil
pas de luy Monſieur d'Elbeuf, auec deux cens cheuaux. Et ces trois embuſcades ainſi logees, côpoſees
comme en triangle, au milieu d'vne belle & grande
plaine: Le Sieur de Vins fut deſpeſché auec ſoixante
cheuaux pour recongnoiſtre iuſques aux portes
d'Auneau les chemins & aduenues, ſi les ennemis

faifoient garde:ou battoient point l'eftrade, & auffi
pour couler dedans ceux que l'on y enuoyoit. Il fit
fort dextrement tout ce qui luy eftoit ordonné, & fe
retirant fans auoir rien trouué en allant, rencontra
fur le poinct du iour enuiron quatre cens cheuaux
Reiftres, qui eftoient entrez par le bout d'vn village, & luy par l'autre : chacun tinft bride vn temps,
pour ne fe recongnoiftre fi promptement, qui donna temps & loifir au Sieur de Vins (bien aduifé &
bon Capitaine , comme il eft) de faire retirer ceux
qu'il auoit auec luy les plus mal môtez, & apres eux
fe mit à faire fa retraitte, qui donna tant de courage
aux Reiftres, que les pourfuiuans trop chaudement
& inconfiderément fe trouuerent dans l'embufcade
où eftoit ledit Sieur de la Chaftre, qui fortât fur eux,
fe veirent tout à coup auffi perduz qu'eftonnez , &
fans rendre combat fe mettent à fuyr honteufement
deuant les Catholiques, lefquels fans perdre vn feul
homme, tuerent bien cent ou fix vingts hommes, &
plufieurs prifonniers qu'ils prindrent.

Cefte trouppe (comme i'ay entendu) eftoit efleuë
penfant faire ce que l'on leur fit: pour ce que chacun
iour les Catholiques les auoient fort haraffez &
prins plufieurs de leurs fourrageurs : & pour fen
venger auoient choifi cefte trouppe en quatorze
cornettes, pour faire vne embufcade au mefme lieu
où eftoit ledit Sieur de la Chaftre , comme il a efté
apprins par les prifonniers : & auffi que c'eftoient
tous hommes fignalez. Le Baron de Dothna les en-
uoyant rechercher par vn fien trompette demâdoit
quarante-fix Gentils-hommes de nom & d'armes,
il ne fen trouua que neuf prifonniers, le refte eftant
mort

mort fur la place, où il y auoit dix hommes de maifon, entre autres vn de celle de Mansfeld, vn neueu
de l'Euefque de Colongne marié, leur Feltre Marefchal, qui eft le premier & plus honorable eftat
apres le General, deux Lieutenâs Collonnels, deux
Capitaines de compagnies, trois cornettes, lefquels
morts ledit Baron de Dothna renuoya querir l'apres
difnee & les fit enterrer felon leur mode, le plus honorablement qu'il peut au lieu d'Auneau : qui fut
caufe de les y faire feiourner, & auffi la venue de
Monfieur le Prince de Conty, qui en ce mefme têps
arriua en l'armee des Huguenots, fort peu accompagné : auec ce que de luy mefme il a beaucoup de
deffaut de nature, combien qu'il foit (comme font
tous ceux de Bourbon) braue & courageux. Il eft
de fort petite ftature, fourd & fi begue qu'il profe-
re peu ou point de parolles : I'ay fceu qu'il ne con-
tenta pas les Reiftres (comme ils efperoient) apres
vne fi longue attente d'vn Prince du fang, tel qu'il
fe le promettoient & fe l'eftoient figuré tout autre
chofe que ce qu'ils en virent : Nonobftant il fut recueilly & feftoyé du fieur de Bouillon & des Reiftres, & receu à la charge & conduite de l'armee,
qui luy fut deferee par ledit fieur de Bouillon.

Ce pendant que le Baron de Dothna s'amufoit
d'vn cofté à enterrer fes morts, à receuoir ledit fieur
Prince de Conty & à f'enyurer tous de compagnie
(comme ils firent à leurs feftins) Monfieur de Guyfe qui ne les auoit pas encores à fon gré maniez,
comme il defiroit, voyant qu'ils ne deflogeoient
point d'Auneau, bien qu'ils euffent eu entiere congnoiffance de toute l'entreprife que l'on auoit faite

L

fur eux le Samedy, qui auoit esté differee par les aduis qui en estoient tombez entre leurs mains, se refolut, apres auoir parlé au Capitaine d'Auneau &
prins asseurance de luy (moyennant vn bon present
que ledit sieur Duc luy fit) qu'il receuroit dans ledit Chasteau tout ce qu'il luy plairoit d'enuoyer; de
remettre fus ladite entreprinse, qu'il communiqua
à quelques vns de ses principaux Capitaines, qui y
apporterent beaucoup de difficultez, tant sur la certitude qu'auoient les ennemis des forces que pouuoit auoir Monsieur de Guyse, que de son dessein,
à quoy ils auoient eu assez de temps & de loisir de
se premunir & bien pouruoir à leur seureté: qu'il
sembloit plustost leur seiour & attente audit Auneau estre pour l'attirer en ceste belle plaine, que
pour crainte qu'ils deussent auoir de ses forces. Le
bon-heur dudit sieur Duc & l'asseurance qu'il print
en sa bóne fortune le fit perseuerer en son opinion,
& vainquant toutes ses difficultez & remonstrances
(bien qu'elles fussent raisonnables) passa outre &
resolut d'executer ladite entreprinse la nuict du
Lundy vingt-troisiesme Nouembre.

Le discours de ceste derniere notable execution
merite d'estre deduit selon les poincts & regles
qui y furent obseruees. Ce Prince donc aussi religieux que bon Capitaine, s'estant reposé sur le
Sieur de la Chastre de donner le rendez-vous aux
compagnies, tant de cheual que de pied, & la forme
que chacun auoit à garder en marchant, s'en va à
l'Eglise, faisant vœux & supplicatiós à Dieu, & recó-
gnoissant que les victoires sont en sa main, & qu'il
est le Dieu des batailles: ouit Vespres fort deuo-

tement, & fit defcendre le *Corpus Domini*, laiffant fon
Aumofnier pour côtinuer les prieres toute la nuiĉt,
auec le Clergé dudit lieu de Dourdan : Et ordonna
que l'on dift trois Meffes, comme le iour de Noel.
Ie vous ay touché ce point (Madame) pour ne rien
oublier de ce qui eft venu à ma congnoiffance : &
auffi pour ce que ledit fieur Duc & toute fon armee
(comme generalement toute la France) n'attribue
cefte belle victoire & ruine de cefte fi grâde armee,
qu'à la feule puiffance de Dieu, pour le peu d'hommes qui fe font employez en cefte execution.

Sur les fept heures du foir ledit fieur de Guyfe arriua au rendez-vous, qui eftoit au fortir du bois de
Dourdan, dans vne belle plaine, où il trouua ledit
Sieur de la Chaftre qui auoit donné ordre à toutes
les trouppes, comme elles deuoient marcher : & fe
trouuerent en tout, eftre de mil à douze cens cheuaux & trois mil hommes de pied. Le fieur de Vins
marchoit à la tefte auec enuiron trois cens cheuaux
legers:Le fieur de laChaftre le fouftenoit,auec deux
cens cheuaux:Et le furplus foubs Monfieur de Guyfe & Monfieur d'Elbeuf. L'infanterie marchoit fur
la main droite de la cauallerie, qui la couuroit de
la venue des ennemis dans cefte grande plaine, qui
eftoit fans aucun arbre ny buiffon & la nuiĉt fi ob-
fcure qu'elle rédit le chemin plus long & ennuyeux,
faifant perdre plufieurs fois les files ; les guides
mefmes ne fe recongnoiffans pas : mais la diligence
de Monfieur de Guyfe & dudit Sieur de la Chaftre
redreffoit incontinent cét erreur, remettans chacun en fon ordre : & ne vis iamais mieux marcher,
ny faire plus grande aduance.

Enuiron les quatre heures apres minuict les Catholiques arriuerent à vn vallon à mil pas dudit
Auneau, sur le bord de ce grand estang, dont ie vous
ay descrit l'assiette cy deuant, & où est ceste chauf-
see qui conduit en la garenne dudit Auneau & dans
le Chasteau : là on fit alte, pour entendre s'il y auoit
point de bruit. Le sieur de la Chastre qui s'estoit aduancé iusques sur le bord de la garenne rapporta
qu'il auoit entendu les trompettes & qu'il estimoit
que ce fust, ou pour partir, ou pour auoir (peut estre)
eu aduis d'eux : qui fit depuis plus haster les gens
de pied à gagner ceste chaussee, pour estre en seureté, & que rien ne leur peust empescher l'entree
du Chasteau, qui leur fut fauorable, sans que les ennemis en prinssent aucune alarme : Et les ayans le
sieur de Guyse luy mesme conduits iusques à la faul-
se porte, & admonnesté les Capitaines & soldats,
qui passoient deuant luy de file en file, de bien faire
leur deuoir, & en bien combatant se rendre maistres du logis & d'vn tres-grãd butin qui leur estoit
tout preparé, il se retira à sa cauallerie, qui faisoit
alte au bout des marests, en l'attendant : où apres
estre arriué & congnoissant n'estre plus là necessai-
re, ayans mis son infanterie dans le Chasteau, attendant l'euenement de leur execution, se retira plus
auant dans la plaine.

Le Sieur de Sainct Paul auoit le commandement & charge principale de la conduite & execution de ceste entreprinse : encores qu'il y eut d'autres maistres de camp, comme Ioannes, Pontsenac,
Gvé & autres. Estans entrez dans la basse-court du
Chasteau, il logea premierement cinquante hómes

dans le Chafteau, pour en tout cas & euenemét s'en
affeurer & feruir dans ladite baffe-court, qui eft grãde & fpatieufe. Il ordonna en cefte forme comme
l'on donneroit, ayant fait defmurer la grande porte
qui entroit dans ledit bourg: Il prit pour luy à donner dedans la ruë où eftoit logé le Baron Dothna; &
fur la main droite, à vne autre ruë, y ordõna le fieur
de Pontfenac, auec cinq cens harquebuziers qu'il
auoit de fon regiment : & laiffa quatre ou cinq cens
harquebuziers dans ladite baffe- court pour le receuoir & fouftenir, s'il en eftoit befoing, ou pour rafraifchir les premiers, felon la neceffité : & iettant
deuant luy deux ou trois cens harquebuziers pour
faire la pointe, fe mit à les fuiure. Entre ladite baffe-court & les maifons de la ville y a vne efplanade
d'enuiron cinquante pas à l'entree des deux rues,
qu'ils trouuerent fermees de charettes & tonneaux,
& des Reiftres à pied qui les deffendoient auec des
efcoppettes : quelques quarante cheuaux donnerét
dans cefte place aux premiers aduancez, qui leur apporta de l'effroy, & mefmes reculerent iufques à la
porte de ladite baffe-court, à quoy ledit fieur de S.
Paul arriua auffi toft, & par exhortations & menaces de tuer de fa main ceux qui craindroient l'efpee
des ennemis, leur fit entendre qu'il falloit fe refou-
dre, ou à mourir tous ce iour là, ou à gagner ce logis & fe faire tous riches. Mais à fon exemple & de
tous les Capitaines, leurs Lieutenans, Enfeignes, ou
officiers qui eftoient en nombre de plus de deux
cens, y firent plus que les parolles & menaces. Car
apres auoir ordonné à celuy qui demeuroit dans la
baffe-court de ne receuoir aucun qui retournaft,

mais pluſtoſt leur tirer des harquebuzades, comme
aux ennemis meſmes: ils donnerent teſte baiſſee dás
ces barricades, qui furent auſſi toſt abbatues, auec
les picques faulcees & emportees, paſſans au fil de
l'eſpee ceux qui s'y trouuerent. Et les Reiſtres bien
eſtonnez: mais encores plus lors que venás aux por-
tés, pour penſer ſortir, ils les trouuerét gagnees par
des hommes ordonnez par ledit Sieur de S. Paul à
cét effeƈt. En ce deſeſpoir quelques vns ſe precipi-
toient miſerablement, & aucuns ſe firent tuer en
combattant brauement dans les ruës, les autres dans
les places, les autres dans les logis, d'où le feu les faiſoit auſſi toſt ſortir & tomber dás les armes de leurs
ennemis, qu'n'en eſpargnoient point tant qu'ils virent qu'il y auoit de la reſiſtance, qui dura enuiron
vne bonne demie heure: Et commença le combat
à la pointe du iour, qui fut treſ-inegal, pour y eſtre
la perte des Reiſtres, de plus de deux mil hommes
morts, & de quatre à cinq cens priſonniers, deux
mil cheuaux tuez, ou gagnez, & neuf cornettes, dót
l'vne fut gagnee par le Baron de Soualcembourg à
la compagnie, lequel aux premieres harquebuzades qui ſe tirerent ſur le poinƈt du iour s'aduança
entre Auneau & Aunay ſoubs Auneau auec trente
cheuaux ſeulement, & ſe iettant dans vn petit bois,
vne cornette de Reiſtres venás incontinent au bruit
fut à l'improuiſte chargee par luy, & auec peu de
reſiſtance emportee, ſans perte des ſiens, chacun r'a-
menant ſon priſonnier: la peur ayant tellement ſai-
ſi le cœur de ces Reiſtres, qu'ils n'eutent le courage
de ſe deffendre.

Le Baron de Dothna à la premiere alarme (comme

on dit) se sauua, luy douziesme, auant que les portes fussent gagnees : & de tout ce qui estoit dedans ce logis n'en eschappa que ce petit nombre, que tout ne fust pris, ou tué, auec tous les chariots, armes & bagage entierement : & se trouua pour l'aduantage des victorieux, que les Reistres estoient tous prests à partir, & n'attendoient que le iour à poindre, estans les chariots dans les ruës, les cheuaux tous attelez, & la pluspart desdits Reistres à cheual, non pour doute qu'ils eussent de la venuë qu'ils eurent : mais pour ce qu'ils vouloient marcher (comme l'on a sceu par les prisonniers) & estoient resoluz de se retirer en Allemagne, congnoissans les tromperies des Chefs Huguenots, qui les conduisoient & entretenoient par faulses nouuelles, ayans manqué à tout ce qu'ils leur auoient promis : à quoy ils estoient encores conuiez de crainte & peur, par la praticque que le Roy faisoit auec leurs Suisses, qui les abandonnoiét & auoient commencé à traitter auec sa Maiesté. Mais les pauures gens partirent trop tard d'vn iour, pour leur proffit.

Voila vne partie du dessein de Monsieur de Guyse executé tref-heureusement, mais l'autre de gagner la place de bataille, comme il l'auoit tousiours desiré, & qui à la verité, sans attendre plus loing, eust esté la ruine entiere de ceste armee, estans leurs Suisses desia d'accord auec le Roy & prests à se separer d'eux, ayant esté ceste praticque tramee de longue main, premierement par Monsieur de Neuers, qui l'eust bien plustost menee à fin, sans l'infortune de sa blesseure. Leurs Lasquenets estoiét si petit nombre, & presque tous malades, qu'il n'en falloit faire estat. Ce qui restoit des cornettes de Reistres auoient esté la plus part bien albrenees à la charge de Vilmory: Quant aux gens de pied François, ils n'en auoient presque plus: Et pour le faire court, apres ceste secousse chacun d'eux ne pensa qu'à se sauuer & s'esloigner du danger qui les talonnoit. La cause donc qui empescha ledit Sieur de Guyse de faire entierement tout ce qu'il auoit en pensee, fut l'assiette seule du logis, & qu'il ne pouuoit passer en la place de bataille des ennemis, sans leur donner alarme, à cause du marest descript cy deuant, où il n'y auoit ponts, moulins & guez qu'il n'y eust des Huguenots logez, qui eussent donné alarme, si l'on eust tenté le passage, & peut estre, fait perdre le certain pour l'incertain. Les gens de pied demeurerent deux iours à piller les chariots & faire la recherche de ceux qui estoiét cachez dans les caues: & les veis arriuer le Ieudy d'apres ceste execution, à Estampes, où s'estoit apres acheminé ledit Sieur de Guyse, pour recueillir les enseignes des gés de pied qu'il y auoit laissees, & tous les bagages de sa petite armee, & contay cinq cens corselets à cheual & mil harquebuziers marchans tous à la Reistre, chacun la paire de pistoles à l'arçon de la selle: pour ce qu'ils trouuerent les cheuaux tous ainsi sellez & garniz, sans y comprendre les Capitaines & officiers, & ceux qui auoient quitté leurs compagnies pour se descharger de leur butin.

Cela ainsi heureusement executé, Monsieur de Guyse voulut despescher vers le Roy, pour luy donner aduis d'vn si auantageux succez, qui apportoit

tant

tant d'vtilité à son Royaume : & iugeant que telle
charge meritoit bien d'estre commise à personne
suffisante & notable, la donna au Sieur de la Chastre, tant pour le gratiffier, que pour ce que nul autre mieux que luy ne pouuoit rendre meilleur com-
pte par le menu de tout ce qui auoit reüssy, tant à
Auneau que durant le voyage. Il partit donc le Ieudy d'apres ceste deffaicte, & alla trouuer le Roy à
Artenay, qui en auoit ja entendu les premieres nouuelles ; mais non les particularitez, lesquelles il es-
couta tres-volontiers, & y prenant plaisir les fit re-
dire audit Sieur de la Chastre plus d'vne fois, ne se
pouuant lasser de loüer infiniement Monsieur de
Guyse & les chefs de son armee : sans toutesfois faire aucun present au Sieur de la Chastre, ainsi qu'il
estoit bien conuenable, & (comme i'ay entendu dire) qu'il s'attendoit bien d'en rapporter vn tresbon,
le meritant pour ses seruices, & pour auoir mis és
mains de sa Majesté neuf cornettes gagnees sur les
ennemis, auec autant d'honneur qu'en receut iamais Prince Chrestien.

Ce pendant les vns s'esioüyssoient espris du contentement de leur victoire : & les vaincus estonnez
de leur desastre, & empeschez de pouruoir à leur
seureté. Apres vne si lourde perte, & la separation
de leurs Suisses, qui les abandonnerent ce iour mesme, resolurent de faire deux ou trois grandes traictes, pour esloigner les forces du Roy, qui estoient
dans la Beausse, non plus loing d'eux que de dix ou
douze lieuës, & celles de Monsieur de Guyse encores plus pres. Ils partirent donc incontinent, & à la
mesme heure, en grande haste, apres auoir enterré

M

deux grosses pieces d'artillerie qu'ils auoient encores, ayans auparauant quité les deux autres, apres la
prinse de Chasteau-landon : Ils firent vne traicte de
huict ou dix lieues sur la mesme brisee qu'ils estoiét
venus, tirans vers Lorris & Gyen : & à ce logis
là laisserent tout le reste de leur artillerie, qui estoit
douze ou quatorze petites pieces, portans gros
comme esteufs, & plusieurs petarts, meiches &
quantité de pouldre, & tout ce qui leur restoit de
bigage & leurs chariots, mettans sur leurs cheuaux
d'artillerie & de charroy leurs chefs & plus appa-
rents Lansquenets, ne tenans plus ordre en leur retraicte : mais vne tres-honteuse route & fuite, sans
que rien les garantist que les longues traictes qu'ils
faisoient, laissans à l'abandon & mercy des victorieux & des communes les mal-montez, malades
& tout ce qui par quelque cause ou accident que ce
fust, demeuroit derriere : mais ils n'eussent peu có-
tinuer, ny se garantir d'estre tous ruinez & perdus,
sans la clemence & bonté du Roy, qui leur donna
la vie, aux instances & supplications de son fauorit le sieur d'Espernon, à qui les Huguenots ont ceste obligation : Car à la verité, qui eust laissé suy-
ure Messieurs de Mercure & de Nemours, & vne
infinité de Noblesse qui les tenoient de si prés, &
auec telle affiction qu'estans proches d'eux pour
les attaquer le lendemain, sans doute ils estoient
perdus. Mais lesdits sieurs de Nemours, & de Mer-
cur eurent tres-expres commandement du Roy de
se retirer vers sa majesté, & laisser passer deuant
eux ledit sieur d'Espernon, à quoy ils obeyrent, à
leur grand regret.

Monfieur de Guyfe fçachant que le Roy marchoit au cul des Reiftres, refolut d'acheuer de les
ruiner, & quittant fon artillerie, les Suiffes & le bagage de toute fon armee, s'auança à la trauerfe pour
luy baifer les mains, & le trouua aupres de Lorrys.
Le Roy le receut tret-humainement, & d'vn vifage
riant & fauorable, le mena auec luy iufques à Gyen,
où il alla coucher, le fit loger au mieux qu'il fe
pouuoit, & traicter de fa cuifine: & le lendemain
fa maiefté continua fon chemin fur la queuë des ennemis; & Monfieur de Guyfe le conduifit iufques
à Briare, & de là retourna à fes trouppes, à fin de
coupper chemin aux ennemis par la Bourgongne,
pour gagner leur tefte: faifant approcher Monfieur
le Marquis du Pont auec douze ou quinze cens lances, & trois mil cheuaux Reiftres qu'il auoit fur
la riuiere d'Yonne, qui euft accablé trop aifement
ces pauures miferables. Mais la faueur expreffe
que leur monftra ledit d'Epernon, traictant auec
eux défle iour qu'il les euft approchés à Marfilly les
Nonains: leur fit feftin public, ne parlant que de
les careffer & feftoyer, & boire d'autant, changeât
la rudeffe dont ils auoient auparuant efté maniez
en toutes courtoyfies & doux accueil: & fit recul-
ler toutes autres trouppes par commandement ex-
pres du Roy, auec promeffe de les fauuer & garantir (côme il fit) leur faifant dôner pour les conduire
en feureté iufques hors le Royaume, les Sieurs de
Seffac & Mauuiffiere, auec quelques compagnies
d'ordônances, & de gés de pied: non fans murmure
des Capitaines & gens d'honneur, & generalement
de toute l'armee, qui auoit tref-grád mefcôtentemẽt

M ij

de ceste defordonnee faueur à gens qui le meritoiēt
si peu, ayans ruiné, bruslé & saccagé toute la France:
neantmoins par son authorité il passa outre, coulou-
ra nt ce traicté à l'honneur du Roy d'vne quantité
de pdrapeaux que rendirent les François & Lans-
qu :enet Et quant aux Reistres, ils deuoient ployer
leorure cnettes, sans les arborer dans les terres de sa
Mé: aiestles François promettoient de satisfaire en-
tieneremt aux Edicts du Roy, soit en sortant hors
son Royaume, ou viuant Catholiquement: Et quelques vns dés l'heure mesme furent tres-aises d'y estre
receuz, & se retirerent vers sa Majesté pour abjurer
leur religion: les autres suiuirent quelques iournees
les Reistres.

Monsieur de Chastillon auec enuiron cent ou six
vingts cheuaux, ne voulant point estre comprins
dans ce traicté, choisit plustost le hazard de se retirer en Languedoc: il rencontra sur son chemin le
Sieur de Mandelot, auec quelques forces, qui le ne-
cessiterent de venir au combat, sans qu'il eust autre
volonté que de se sauuer: La premiere rencontre fut
assez rude & sanglante, pour le petit nombre qu'ils
estoient des deux costez: mais les Catholiques gros-
sissans d'heure à autre, & les Huguenots s'affoiblis-
sans, ayans tout le pays contre eux, chacun se sauua
qui peut. Ledit Sieur de Chastillon à toute peine,
gagna vne place à sa faueur: beaucoup des siens demeurerent morts sur la place, & forces prisonniers,
entre lesquels y auoit huict ou dix Gentils-hommes signalez.

Monsieur de Guyse fut aussi tost aduerty de ce
traicté, comme pareillement Monsieur du Mayen-

ne,qui ne s'endormoit pas de son costé,pour se ioindre à son frere:mais le commandement du Roy sur-
uenant arresta le cours,sinon de leurs affections, au
moins de leur victoire : Pour cela ces pauures gens
fugitifs ne furent exempts de mal: les communes se
iettans sur eux à toutes heures, les deualisans, tuans
& assommans , sans aucune resistance: puis leurs
Chefs entr'eux iouäns à la fausse compagnie,chacun
se desroba, où il trouua sa commodité de se sauuer.
Monsieur de Bouillon commença,puis apres Cleruant & Dom-martin: de mode que le Baron de
Dothna & Boucq demeurez seuls en vie de tous les
Collonnels, & sans aucun François, estans dans la
Bresse, enuoyerent auec tres-humbles prieres &
supplications vers Monsieur de Sauoye, affin qu'il
eust pitié d'eux & leur donnast passage dans ses
pays: ce qu'il leur accorda trop volontiers ; & leur
fut ceste commodité si grande & fauorable, qu'elle
garantit si peu qui restoit de ceste trouppe descon-
fite.

Encores que la suite de ces estrangers ait esté longue,ie ne la mets point par escrit: par ce que ce n'est
plus que honteuse fuite & toute desolation,sans aucun effect genereux: les victorieux ne voulans mesmes ensanglanter leurs mains de ces pauures deses-
perez, qui demeurans derriere , ou malades, tom-
boient en leur mercy, & estoient plustost secouruz
& aidez en leurs miseres,que tuez.Il est vray que les
communes iustement irritees par les bruslemens &
saccagemens qu'ils auoient faits,les traitterent plus
rudement: Et se peut dire auec verité(comme ie l'ay
ouy asseurer) que de huict mille Reistres, six mille

M iij

Lanfquenets & vingt mille Suiffes, qui furent leuez
en la faueur des Huguenots, il n'en eft retourné en
leur pays quatre mille ames: & la plus part encores
fi malades, haraffez de longues veilles & trauaux, &
battuz de continuelle frayeur, que prefque tous ayás
trouué leurs aifes, feront morts: comme il en eft aduenu de Môfieur de Bouillon & de Cleruant à Geneue.

Monfieur le Marquis du Pont accompagné de
Monfieur de Guyfe, qui eftoit fans charge & commandement, l s ayans fuyuis iufques pres la ville de
Geneue, & entendu par les lettres que luy efcri-
uoit Monfieur de Sauoye, comme il auoit receu cefte trouppe fuyarde en fa protection, & donné paffage au dedans de fes terres, aduifa pour rafraifchir
fes trouppes haraffees, de fe ietter dans le Comté de
Montbelliart, où feiournant lafcha vn peu la bride
aux foldats de l'armee, qui mirent le feu dans ledit
Comté, bruflerent cent ou fix vingts villages, prindrent Blamont & encores vne autre place dudit
Comté, où ils laifferent garnifon, fe reffentans de ce
que la Lorraine auoit eté mal traitee, & que le dit
Comte de Montbelliart, qui eft grand Caluinifte, a
fait ce qu'il a peu pour fauorifer la leuee & paffage
de cefte armee eftrangere, & de tref-mauuais offi-
ces au Duc de Lorraine.

Ie ne veux oublier, Madame, à vous dire de rechef que ce Prince feft toufiours fait cógnoiftre en
toutes fes actions autant Religieux & Catholique
que bon Capitaine, & qu'auant pourfuiuy & recer-
ché cefte trouppe fuyarde iufques aux portes de Geneue, il alla auec les Princes, Ducs, Comtes, Cheua-

liets & Gens-d'armes qui l'auoient accompagné en
ceste tant signalee victoire, dã l'Eglise à S. Claude,
rendre là graces à Dieu & ses vœux au Sainct, & là
dans l'Eglise de ce lieu a esté mis vn tableau d'airain, pour perpetuelle memoire, auquel est graué
en belles lettres ce qui ensuit:

Victis, fractis, fusis & fugatis Orthodoxæ
Catholicæque religionis hostibus, qui cùm
Germanæ, Heluetiæ & Gallicæ gentis quadragin-
ta quinque millia hominum collegissent, Galliam
ingressi, claues è Diui Petri manibus auellere,
cumque de cælo & sede Apostolica pellere feroci-
ter minabantur; Ab Henrico Duce Guisiæ cum
tribus fortium tantummodo virorum millibus,
antequam Ligerim attigissent, confossi sunt celeri-
ter & deleti. Dux igitur ille Guisius cùm reli-
quias tantæ multitudinis, quæ tota à fide Catholica
defecerat, Gebennas vsque persequeretur, tantum
& tam inexpectatam victoriam Deo referens;
Deo, Diuoque Claudio gratias & vota persoluit.
Laureati vero Principes, Duces, Comites, Equites
& Milites qui tantum & tam benè de Republ.
Christia. meritum Ducem hac in expeditione sunt
secuti, in perpetuam rei fœliciter adeo gestæ memo-
riam, HOC AES piis ac victricibus dextris
inciderunt, Anno 1588.

I'aiousteray encores ce que i'ay appris en plusieurs compagnies des plus grans Capitaines de ce
Royaume, où ie me suis trouué, des fautes & impru-
dences commises en ces armees. La premiere du costé des François Huguenots (comme l'on dit) a esté
en l'estection de leurs Chefs, tant de leur nation,
que d'estrangers, ayans comis à Monsieur de Bouillon la conduicte & charge de ceste grande armee,
luy qui estoit vn ieune homme, sans experience
ny conduicte, sortât ercores de dessoubs l'aisle de sa
mere : son frere encores plus ieune que luy. Les
Capitaines qu'ils auoient parmy eux, encores que
les vns fussent bien aagez, ils n'auoient pas plus de
conduicte n'y d'experience pour celà au fait des armes, s'estans plustost occupez aux negotiatiós de la
Cour, comme Agens & Ambassadeurs pour ceux
de leur party, qu'aux armes & à la guerre. Messieurs
de Chastillon, Guitry & Mouy, qui auoient les
principales charges, sont tenuz pour valleureux :
Guitry pour plus experimenté : mais si peu vnis ensemble & ne se voulans rien defferer l'vn à l'autre,
le Chef principal n'ayant l'authorité ny assez de
suffisance pour les regler & reprimer telles diui-
sions, qu'en fin tout est allé en confusion. Mais les
Huguenots alleguent vne raison, qu'ils n'ont pas
des hommes à choisir & qu'ils se seruët de ce qu'ils
peuuent. Semblable faute a esté faicte parmy les
estrangers, commettans à la principale charge le
Baron de Dothna, aussi peu experimenté que ces
autres, n'ayant iamais eu charge : mais seulement
pour ce qu'il estoit sauorit du Cazimir, qui le con-
stitua en ceste grande dignité, (comme l'on dit) à
deux

deux effeéts, l'vn qu'il vouloit auoir l'honneur de fe
rendre Chef de cefte armee, encores qu'il ne mar-
chaft point : l'autre, qu'il ne vouloit relafcher quarante mil efcuz qu'il auoit touchez, deftinez à fon
entretenement; & de fa maifon, au cas qu'il mar-
chaft: Il y commettoit ledit Baron de Dothna, comme fon Lieutenant, qui eft fa creature, & duquel il
pouuoit en toutes chofes difpofer à fa volonté. Cela
euft efté trefbon, s'il euft efté accompagné de fuffi-
fance & des qualitez requifes à fi grand faix.

Voilà comme l'auarice bien fouuét caufe de grâds
maux, & les paffions dés Princes, quand ils fe laif-
fent tellement tranfporter à leurs volontez qu'ils
viennent à auancer des hommes qu'ils aiment, en
des charges dont ils font indignes : Eftimans que la
feule affection qu'ils leur portent les rend autát fuf-
fifans comme il feroit befoin pour exercer telles dignitez : ce qui produit des effeéts tref-dommagea-
bles. A toutes autres fautes fe peut trouuer quelque
remede: mais à celles de la guerre, la temerité & les
mauuais confeils fe payent fur le champ, par la perte
d'vne bataille, d'vne Prouince, ou d'vn Royaume:
A quoy voftre Majefté doit bien penfer, & à fe rendre fage, par l'exemple de voz voifins, dont vous
auez eu affez d'efpreuue depuis vingt ans, & encores
par cefte derniere toute fraifche.

Depuis le premier iour que cefte armee eftrangere fut en campagne ioinéte enfemble dás la plaine de Strafbourg, iufques au dernier, ils n'ont fait vn
feul aéte de gens de guerre, n'ayans marché cent
lieuës depuis le deuxiefme Aouft iufques au vingt-
quatriefme Nouembre enfuiuant, qu'ils furent

N

chargez à Auneau, mis en route & deſconfits, ſe-
ſtans amuſez à branqueter les petites villes & bour-
gades, ſans entreprendre aucune choſe notable ſur
vne poignée d'hommes (par maniere de dire) qui
lys a touſiours haraſſez, en logeans à deux, trois &
quatre lieuës d'eux, marchans côme ils marchoient,
ſeiournans comme ils ſejournoient, ſans qu'en
vne ſi grande longueur de temps & de chemin il ſe
trouue qu'ils ayent iamais fait aucune entreprinſe
ſur l'armee de Monſieur de Guyſe. Si au contraire
ils euſſent (comme ils pouuoient faire) auancé trois
ou quatre mil cheuaux & quelques harquebuziers
à cheual, pour inueſtir le logis dudit ſieur de Guyſe, en des villages tous ouuerts, ou Bourgs, qui ne
valloient guere, il eſt certain & apparét qu'ils l'euſſent contraint de quitter honteuſement ſon logis,
auec la perte de ſes bagages & infanterie, ou qu'ils
l'euſſent obligé à vn combat deſauantageux & ine-
gal. Mais Dieu pour certain leur auoit oſté le iugement & vouloit chaſtier ceſte ſuperbe natió, inhu-
maine & barbare en proſperité : ayất oublié, ou ne
l'ayant iamais apprins, que les armees qui entrent
dans vn pays pour conquerir, doiuent ſe rendre
maiſtreſſes de la campagne & cercher les occaſions
à toutes heures de combatre, apportans crainête
& terreur en toute la prouince, par leurs armes : &
en effeêt ne laiſſer rien approcher d'eux qui leur
puiſſe nuire, ou donner creance qu'on les oſe re-
garder ny attendre. Et au contraire ils ont conti-
nuellement enduré depuis leur entree en Lorraine,
iuſques à leur totale deffaite, l'armee de leurs ennemis à leur coſté, leuant pluſieurs logis, prenant &

tuant d'ordinaire de leurs foldats à la veuë de leurs
enfeignes, fans qu'ils fe foient eftendus que par leur
grande multitude.

I'ay ouy remarquer entre autres ignoráces de ces
Chefs, celle qu'ils commirent au pont S. Vincent, fe
laiffans códuire à l'aftuce & ruze de Mófieur de Gúy
fe, qui prouidemmét fit fa retraiéte (cóme vous auez
apprins par ce difcours) au paffage de la riuiere de
Modon du cofté de l'armee Huguenote, & puis la
repaffa fur luy aupres d'où eftoit la place de bataille
de fon armee, qui n'eftoit lors ny arriuee ny en bon
ordre : & cóme la chofe arriua à l'improuifte & fans
que perfonne fy attédift, il fe trouua tref-grád def-
ordre & confufion, n'y ayant qu'vne feule auenuë &
paffage fort eftroit au fortir dudit-pont, où les valets
& bagages des plus aduancez, fe voulans retirer, &
en ayans cómandement, empefchoient que les gens
de guerre ne pouuoient marcher ny f'aller rendre en
leur place de bataille, & n'y auoit pas le tiers de l'armee Catholique arriué : Mais la bonne mine du Duc
de Guyfe leur obfcurcit la veuë, & les ayant attirez
apres luy, ils n'eurent le fens & iugement affez bon
pour congnoiftre leur auátage & prendre cefte occafion à propos : Car fils fuffent venuz par la belle
& gráde plaine, tout à leur aife, (cóme ils pouuoiét)
ayans affez de temps & de iour, fans doute ils pou-
uoientauec vn grand aduantage cótraindre l'armee
Catholique à la bataille : Et fembloit à voir la contenance de leur armee, tant cauallerie qu'infanterie, qu'elle auoit tref-grand defir de combatre, &
que tout le defaut doit eftre ietté fur l'ignorance
des Chefs.

Celle qu'ils firent fur la riuiere de Loyre ne fut pas
moindre, la trouuant lors qu'ils y arriuerent fi baſſe
qu'ils la pouuoient ayſément paſſer à gué : quoy faiſant ils ioignoient ſans doute ny aucune difficulté
le Roy de Nauarre, par vn pays bon, plein de viures
& de toutes commoditez, ſans forces ny gardes
pour le conſeruer & les empeſcher. L'eſtonnement
qui ſe fuſt mis parmy les petites villes, venans tout
fraiſchement les trouppes de Monſieur de Ioyeuſe
d'eſtre deffaites par le Roy de Nauarre, leur euſt ré-
du l'étree & prinſe d'icelles fort faciles. Et bien que
le Roy fuſt en perſonne dans le Berry, il eſtoit encores pour lors fi petitement accompagné (comme
i'ay ouy affermer pour certain) qu'il n'auoit point
deux mil cheuaux & dix ou douze mil Suiſſes & enuiron ſix mil harquebuziers : Ils ne pouuoiét mieux
ſ'employer, ny plus honorablemét, que contre l'armee propre que le Roy conduiſoit en perſonne, &
laquelle ſans difficulté ils pouuoient combatre, le
chemin du paſſage de ladite riuiere de Loyre leur
eſtant monſtré par le Sieur d'Eſpernon, qui là
paſſa à leur veuë auec cinquante cheuaux de front.
Et ſi l'empeſchement que leur pouuoit apporter le
Roy, ou autres conſiderations les retenoient, ils
pouuoient aller gagner au deſſus des ſources, ſix
ou ſept iournees plus haut, ſans ſ'auancer dans la
Beauſſe (comme ils firent) donnant loiſir au Roy
de reünir ſes forces, & à Monſieur de Guyſe de les
r'approcher & venir à rencontrer ſa Maieſté. Mais
ils voulſient engreſſer leurs cheuaux des auoynes
de Beauſſe & manger des allouettes : Et comme dit
Chicot, bouffon du Roy, au Baron de Dothna,

quand Monſieur d'Eſpernon le feſtoya,qu'il n'auoit
mangé alloüiette qui ne luy euſt couſté vn Reiſtre.

Vous auez veu par ce diſcours ce qui s'eſt paſſé à Auneau,
combien de fautes, d'erreurs & d'ignorances ont eſté com-
miſes,l'vne ſur l'autre, par le Baron de Dothna , ayant aduis
par lettres,par eſpions & encores par l'effect du Dimanche
precedent,du deſſein que l'on auoit ſur luy : à quoy il pouuoit ayſément pouruoir , ou en deſlogeant, ou en mettant
des gens de pied auec luy : mais il ne peut euiter ſon mal-
heur,Dieu le voulant ainſi, pour r'abaiſſer la gloire de ceux
qui côbatoient contre ſon nom. Que s'ils euſſent auſſi bien
tourné la teſte droit à Paris,en eſtat le Roy & ſon armee eſ-
loignez, il eſt certain qu'ils y euſſent apporté vn grãd trou-
ble,de la diuiſion & quelque changemẽt dans la ville,y ayãt
des partis qui ne s'accordent pas bien : & quand ils euſſent
mis le feu à quelques villages & maiſons de Meſſieurs de la
Cour de Parlement (qui n'ayment pas à perdre , ne l'ayans
pas accouſtumé) il eſt certain qu'on leur euſt fait quelque
plus honorable compoſition que celle qu'ils ont euë: Et en
tout euenemẽt, s'ils ſe fuſſent tenus vnis & en deuoir de gẽs
de guerre, la mort leur eſtoit plus honorable par vn combat ſignalé , deuant la principale ville du Royaume de France,qu'vne honteuſe & mal-heureuſe fin.

Les fautes du Roy de Nauarre,ſi elles ne paſſent celles de
ſon armee eſtrangere,les ſuyuent de bien pres,& miſes dans
ſa balance,ie ne ſçay qui l'emporteroit:Car apres auoir paſſé la riuiere de Loyre,pour recueillir le Comte de Soiſſons,
il auoit lors de mil à douze cens bons cheuaux, & deux mil
harquebuziers à cheual,qu'il auoit ainſi montez pour faire
de grandes traictes, à fin qu'ayant paſſé la riuiere de Loyre à
Montſoreau , il coulaſt le long d'icelle,pour venir au deuãt
de ſes Reiſtres , par le meſme chemin qu'ils faiſoient : ce
qu'il euſt fait ſans difficulté pres d'Auxerre,où ils ſeiourne-
rent quelques iours. Le Roy n'auoit lors vn ſeul homme
enſemble,ny aucun corps d'armee ferme, mais changeant &
deſſein,il retourna fort court:dont ie n'en ay peu appren-re
les cauſes ; ſinon ce que l'on en dit vne aſſez froide, iſu
d'auotiromis aux trouppes de Guyenne d'ainſi le faire de,

lefquelles auoient protefté ne marcher pas plus auant que
la riuiere de Loyre.

Il en fit bien encores vne auffi lourde apres vne .l belle &
peu fanglante victoire pour luy, ayant deffait & ruiné l'armee de Monfieur de Ioyeufe, d'eftre demeuré court fans venir au deuant de fes Reiftres, ayãt la campagne libre iufques
à Loyre, fans aucunes forces qui fe fuffent peu oppofer à
luy:&a plus acquis de blafme, que d'hõneur en cefte victoire, pour f'eftre feulement fait congnoiftre cruel en profpe-
rité & ne fçauoir pas bien vfer d'vne bonne fortune.

I'ay appris de quelque huguenot, mié amy, que ledit fieur
Roy de Nauarre fe promettoit que cefte armee eftrangere
combatroit, ou l'armee de Monfieur de Guyfe, ou celle du
Roy: Si c'eftoit celle dudit fieur de Guyfe, c'eftoit tout fon
deffein, & y pouuoit gagner beaucoup ayãt auec luy prefque
ceux de la maifon de Lorraine, & qui eu portent le nom :
d'ailleurs tous leurs principaux amis & plus affectionnez
contre le party Huguenot. Et de ceux du Roy de Nauarre il
n'y auoit vn feul Prince, & peu d'hommes de nom, & ne ha-
zardoit que des eftrangers, contre fes principaux ennemis,
qui ne pourroient deffaire vne telle puiffance & grande armee fans courre vne grãde fortune, & fe perdre au combat,
ou la plufpart d'eux: en tout cas, la rencontre feroit fi fanglante, que ce qui en refchaperoit auroit plus de befoin de
faller rafraifchir que venir apres à luy, qui demeureroit
entier auec fes forces, enflé d'vne victoire & auec des moyés
d'auoir d'autres eftrãgers, f'il en eftoit befoin: mais fe pro-
mettant obtenir du Roy pluftoft & plus facilemét vne paix
fi Meffieurs de Guyfe & du Mayéne, ou l'vn d'eux fuffent demeurez au combat, ou feulement rompus : Car la moindre
defancture les ruineroit, au peu de faueur qu'ils ont pres du
Roy. Les mefmes confideratiõs feruoiét encores à l'endroit
du Roy, lequel en cõbatant cefte armee eftrangere, fe pouuoit perdre luy mefmes, hazardant fa perfonne propre : ce
que le Roy de Nauarre ne craignoit pas, eftimant par cefte
perte augmenter fa grandeur & f'aduancer à la Couronne.

Vne autre confideration dudit Roy de Nauarre, eftoit, les
grandes promeffes aufquelles fes Agens & Procureurs l'a-
uoient obligé enuers ces eftrangers, à quoy il luy eftoit du
tout impoffible de fatisfaire: & craignoit pour ces caufes d'a'

border lefdits Reiftres,ayás defia paffé par leurs mains plufieurs fois & reeógnu cóme ils manient rudement ceux qui
font foubs leurs mains,quãd ils font les pl⁹forts. D'auãtage
il ne vouloit laiffer le pays de fa cóqueſte, craignãt d'y perdre les places,les laiffant mal fournies : y laiffant auffi des
hómes il s'affoibliffoit d'autãt:Il n'y vouloit pas auffi attirer
les Reiſtres & moins les Suiffes,pour eſtre gens exceſſifs en
defpenfe & qui euſſent tout à vn coup ruiné le pays qui le
nourrit& tous les refugiez qui fe font retirez à luy. Mais ie
ne fçay fi ces raifons feront affez fortes pour le garder de
blafme parmy les eſtrangers & y entretenir fon credit, leur
ayãt manqué de toutes promeffes.Ie n'en ay rien apprins au
tre chofe,finon plufieurs memoires qui fe font trouuez dãs
les papiers prins en ceſte route& deffaite:& entre autres les
procuratiõs duditRoy de Nauarre & Prince de Condé pour
la leuee des eſtrangers:la fotme de ladite leuee,& à quoy ils
fe font obligez enuers lefdits eſtrangers & le Cazimir: qui
font à ce que i'entens fi def-honneſtes & au detrimét & ruine du Roy & de fon Royaume, que fa Maieſté en demeure
grandement offenfee:pour ce,principalemét,que ledit Roy
de Nauarre luy promettoit tout autre chofe,& luy vouloit
faire croire qu'il ne defiroit ces eſtrangers que pour refor-
mer ceux de la ligue: Et neantmoins il s'eſt trouué par ces
papiers & procurations qu'il n'y auoit que le Roy de plus
intereffé en tout & par tout,engageãt fonRoyaume au paye
ment de toutes les debtes, tant prefentes que vieilles,deuës
aux eſtrãgers:& le partiffant également en toutes fes charges, funcẗions & dignitez,par moitié aux Huguenots, qui
fe le promettoient ainfi par leur prefomption, & de le faire
paffer & aualer au Roy & à toute la France.Mais Dieu en a
difpofé tout autrement, faifans cógnoiſtre par fes iugemés
incomprehenfibles en ces dernieres occafions, que les pro-
pofitions des Roys,Princes & des grãds font vaines,fe trou
uans fouuẽt trompez en leurs entreprinfes& deliberations,
fa diuinité en difpofant ordinairement tout au contraire,
pour faire paroiſtre fa grandeur & puiffance : cóme il a fait
en la faueur de ces PrincesLorrains,furpris au defpourueu,
& qui auec peu d'hómes & moyens,ne defefperans point de
la grace de Dieu, fe font vertueufement oppofez à tous ha-
zards,auec courage & hardieffe inuincible,& le foin de fui-

dire ceste grande armee quatre mois durant, surpassans toutes difficultez & trauaux, sans oublier aucune ruse ny actes
de bons Capitaines, pour ruiner leurs ennemis, comme ils
ont fait: & ce qui plus les y a fait paruenir a esté l'vnion &
concorde de ceste petite armee, en laquelle les Chefs estoiét
aymez, obeis & respectez, & generalement tous liez ensemble d'vn mesme zele, volonté & affection pour le seruice de
Dieu & de leur Roy.

Et n'est pas sans cause (Madame) que vous haïssez & re-
doutez ces Princes, car ils sont à la verité tres-Catholiques
& grands ennemis de vostre religion, & non moins (comme
ie croy) de vostre personne, depuis la mort hoteuse que vo
auez fait souffrir à la Royne d'Escosse, leur parente: Et pen-
se, que si les affaires de France ne les occupoient, ils cerche-
roient tous moyens de s'en venger : & estans aussi heureux en
leurs entreprinses que belliqueux , vous auriez à craindre
l'euenement.

En fin, Madame, vous aurez peu voir & entédre par ce discours ce qui est aduenu de plus insigne & memorable en ces
deux armees, que ie vous ay voulu represéter sans dissimu-
latió & artifice, m'estát efforcé de le voir à l'œil & pouuoir
de presence m'en rédre moy-mesme instruit, pour nuément
& à la verité dresser ce petit traité, sans y auoir vsé d'aucun
fard, ny auantage par passion l'vne des parties plus que l'autre : & rien mis en iceluy (que par certains endroits, cóme
il est venu à propos) de ce qui s'est passé en l'armee du Roy,
qu'il códuisoit en personne: laissant cela à ceux qui estoiét
sur le lieu, lesquels s'acquitans aussi fidelemét (comme i'ay
fait) vostre Maiesté pourra bien estre au vray informee de
tout ce qui estreüssy durant ceste guerre. Vous suppliant
tres-humblement (Madame) de prendre & receuoir en bonne part ce que ie vous en offre & enuoye, auec le tres-obeis-
sant seruice que i'ay perpetuellemét voüé à vostre Maiesté.

FIN.

www.ingramcontent.com/pod-product-compliance
Lightning Source LLC
Chambersburg PA
CBHW052147090426

42741CB00010B/2173